على كل شئ شهيد ان تعذبهم فانهم عبادك وان تغفر لهم فانك
انت العزيز الحكيم قال الله هذا يوم ينفع الصادقين صدقهم
لهم جنات تجري من تحتها الانهر خالدين فيها ابدا رضي الله عنهم
ورضوا عنه ذلك الفوز العظيم لله ملك السموت والارض
وما فيهن وهو على كل شئ قدير

سورة الانعام مكية

بسم الله الرحمن الرحيم الحمد لله الذي خلق السموت
والارض وجعل الظلمت والنور ثم الذين كفروا بربهم يعدلون
هو الذي خلقكم من طين ثم قضى اجلا واجل مسمى عنده ثم
انتم تمترون وهو الله في السموت وفي الارض يعلم سركم
وجهركم ويعلم ما تكسبون وما تاتيهم من اية من ايات ربهم
الا كانوا عنها معرضين فقد كذبوا بالحق لما جاءهم فسوف

Schätze islamischer Buchkunst

Regina Hickmann

Schätze islamischer Buchkunst

Volk und Wissen
Volkseigener Verlag Berlin
1989

Herausgegeben von Heide und Klaus Koberstein

Hickmann, Regina:
Schätze islamischer Buchkunst / Regina Hickmann
[hrsg. von Heide und Klaus Koberstein].
– 1. Aufl. – Berlin Volk und Wissen, 1989. –
80 S.: zahlr. Ill.
NE: l. Hrsg.

ISBN 3-06-171710-2

1. Auflage
Lizenz Nr. 203. 1000/89 (E 171710-1)
LSV 2166
Redaktion: Heide Koberstein
Typographische Gestaltung: Marion Röhr
Einband: Torsten Lemme
Printed in the German Democratic Republic
Gesamtherstellung:
Grafischer Großbetrieb Völkerfreundschaft Dresden
Schrift: 10/11 p Baskerville
Redaktionsschluß: 29. Mai 1988
Bestell-Nr. 7090867
00900

Inhalt

Einführung

Orientalische Handschriften gehören zum kostbarsten Erbe der Weltkultur, an der die von der Religion des Islam geprägten Kulturbereiche seit Jahrhunderten einen bedeutenden Anteil haben.

Unser kleines Büchlein soll einige von den Schätzen, die sich in unseren Bibliotheken und Museen befinden, ans Licht bringen und vor uns ausbreiten. Die meiste Zeit liegen sie gut aufgehoben und verwahrt in den Magazinen und werden nur zu Forschungszwecken hervorgeholt. Selten sind sie einmal in einer Ausstellung zu sehen, da Papier sehr empfindlich ist und nicht über längere Zeit hinweg gezeigt werden kann.

Unsere Beispiele stammen fast alle aus Manuskripten, also handgeschriebenen Büchern. Dazu kommen noch einige Beispiele aus Sammelalben, sogenannten Muraqqa, in denen Miniaturen und Schriftbeispiele meist ohne bestimmte Reihenfolge gesammelt wurden.

Die Handschriften sind vor der Epoche der gedruckten Bücher, die im Orient erst im 18. Jahrhundert einsetzt, entstanden und stellen unersetzliche Kostbarkeiten dar. Viele Manuskripte wurden entweder mit Ornamentmalereien oder Miniaturbildern, oft auch mit beidem, verziert. Wegen ihres hohen ideellen und materiellen Wertes wurden sie auch als Geschenke zwischen Herrschern ausgetauscht. Nach Europa kamen orientalische Handschriften zunächst durch Reisende, durch Gesandtschaften und auf Handelswegen. Mit der sich ausbreitenden Kolonialherrschaft fanden sich auch interessierte Europäer, die in den jeweiligen Ländern selbst Handschriften und Miniaturen sammelten. Das ist uns besonders gut aus Indien bekannt. In Europa wurden die Manuskripte durch Schenkungen, Vererbung, Verkäufe und dann auch durch den Kunsthandel verbreitet. Waren sie zunächst Sammelobjekte für fürstliche Bibliotheken, so schenkte man ihnen besonders seit dem 19. Jahrhundert immer mehr Beachtung, da die Orientalistik als Wissenschaft neben den Altertumswissenschaften einen hohen Stand erreichte. Die eigentliche kunsthistorische Betrachtung und Analyse der orientalischen Miniaturmalerei ist dagegen erst eine Wissenschaft unseres Jahrhunderts, die sich weiterentwickeln konnte, als Kataloge und Bücher mit zahlreichen Abbildungen zum Vergleichen zur Verfügung standen und in zunehmendem Maße Ausstellungen veranstaltet wurden.

Wenn wir uns nun mit islamischer Buchkunst beschäftigen, so müssen wir immer die Handschrift oder das Buch als ein Gesamtkunstwerk betrachten, an deren Entstehung mehrere Künstler und Handwerker beteiligt waren. Unsere Aufmerksamkeit richtet sich dabei sowohl auf den Bucheinband als auch auf die schöne Schrift, die Kalligraphie, und auf den Buchschmuck. Der schützende Ledereinband hat meist noch eine Buchklappe (wie es auf der ersten Abbildung zu sehen ist) und stellt nicht selten ein Meisterwerk der Verzierungskunst dar. Am häufigsten finden wir Einbände mit gepreßten und vergoldeten Ornamenten. Die Schreiber lernten bei berühmten Meistern der Kalligraphie und brachten es durch ständige Übung zu außerordentlichen Leistungen in der Schönheit und Ausgewogenheit der Schrift. Sie schrieben so gleichmäßig, daß uns das Schriftbild heute fast wie gedruckt erscheint. Der Schriftspiegel wurde vorwiegend in Werken der Literatur in senkrechte Schriftspalten, sogenannte Kolumnen, aufgeteilt und mit Goldlinien umzogen. Für größere Kapitelüberschriften gab es ein ornamentales Zierfeld, den Unwan (vgl. Abb. 14). Das Buch beginnt mit einer Doppelseite oder auch mit mehreren Zierseiten in symmetrischer Anordnung für den Titel und das Inhaltsverzeichnis. Sehr bescheiden wirkt dagegen am Ende des Buches das Kolophon. Das höchste Ansehen bei der Buchproduktion genoß der Kalligraph, der das geschriebene Wort beherrschte und ihm Form gab, danach kam erst der Miniaturmaler oder Illuminator. Die Linienzieher, Vergolder und Buchbinder taten dann ein übriges, um das Buch zum Kunstwerk zu gestalten. In früheren Zeiten gab es einen stärkeren Zusammenhang zwischen den einzelnen Kunstzweigen. So kann man herausfinden, daß Buchdeckel und Teppiche mitunter ein sehr ähnlich angelegtes Muster zeigen. Das Kompositionsprinzip mit einem Mittelmedaillon und angeschnittenen Medaillonformen in den Ecken ist sogar auf persischen Brustpanzern zu finden.

Seit der Entstehung der Religion des Islam im 7. Jahrhundert, als die von Muhammad (Mohammed) empfangenen Offenbarungen im heiligen Koran schriftlich niedergelegt wurden, beginnt mit den arabischen Eroberungszügen auch die Verbreitung der arabischen Sprache und Schrift. In der Folgezeit gelangte der Islam, von der arabischen Halbinsel ausgehend, über Ägypten und die Länder Nordafrikas bis nach Spanien, breitete sich in Afrika und Mittelasien aus, kam über Iran nach Indien und Südostasien. Als die Türken aus Kleinasien die Balkanländer eroberten, wurde auch dieser Teil Europas in die islamische Kultur einbezogen. Während der Koran nicht übersetzt wurde, gab es viele Werke der arabischen Wissenschaft und Literatur, die in andere Sprachen, z. B. ins Persische, übertragen wurden. So kam es auch, daß die arabische Schrift für andere Sprachen übernommen wurde: für das Persische, Türkische und Urdu (heute Staatssprache in Pakistan), wobei das Türkische inzwischen mit Lateinbuchstaben geschrieben wird. In den Sowjetrepubliken mit orientalischer Kulturtradition war dagegen die russische (kyrillische) Schrift in neuerer Zeit beispielgebend für die Schreibung. Insgesamt ist heute die arabische Sprache und Schrift sehr weit in Afrika und Vorderasien verbreitet.

Die arabische Schrift ist eine Konsonantenschrift mit 28 Buchstaben, die von rechts nach links geschrieben wird. Es gibt nur die langen Vokale a, i und u als Buchstaben, wobei die letzteren auch für j und w stehen können. Die kurzen Vokale werden häufig durch diakritische Zeichen über oder unter der Schriftzeile angegeben und erleichtern damit das Lesen. Durch die Schreibung von rechts nach links ergibt sich, daß das Buch von der anderen Seite, d. h. – wie wir es sehen würden – von hinten beginnt.

Während die Texte ursprünglich, wie z. B. das Griechische und Koptische, auf Papyrus geschrieben wurden, wie es besonders in der Verwaltung üblich war, ging man für die Koran-Handschriften zu haltbarerem Material über, dem Pergament. Auf ihm wurde mit schwarzer Tinte oder Tusche geschrieben, die diakritischen Zeichen und Punkte waren farbig hinzugefügt. Es gibt aber auch kostbarere Koranmanuskripte mit blaugefärbtem Pergamentgrund und Schrift in Goldtusche. In der frühen Zeit des 7.–9. Jahrhunderts finden wir die Koranhandschriften vorwiegend auf querrechteckigen Pergamentblättern im breitgelagerten sogenannten Kufi-Stil oder Kufi-Duktus (Abb. 2). Seit dem 8. Jahrhundert wurde auch das Papier – eine Erfindung aus China – als weniger kostspieliges Schreibmaterial eingeführt. Sehr bald begegnet man nun häufiger dem Hochformat, und auch die Größen des Blattes ließen sich mehr variieren. Es sind von kleinformatigen Handschriften für den privaten oder Hausgebrauch und für die Reise bis zu großformatigen Prunkhandschriften für Moscheen Beispiele erhalten geblieben. Als Schreibinstrument diente eine schräg und mehr oder weniger breit angeschnittene Rohrfeder.

Während im Laufe der Zeit neue Schriftarten entwickelt wurden, erhielt sich das Kufi noch lange Zeit als Zierschrift, indem es für Kapitelüberschriften verwendet wurde. Bei der Entwicklung der Schriftstile oder Schriftdukten spielten besonders das Thuluth, eine steile und elegante Schrift mit großen Oberlängen, und das rundlichere Naskhi eine besondere Rolle. Die steigende Buchproduktion in den Hauptstädten der Reiche oder auch an den muslimischen Universitäten erforderte eine kursive, eine mehr schräggestellte Schrift, die man schneller und mit kleineren Buchstaben schreiben konnte. So kam es zur Erfindung des Nastaliq, einer Kursivschrift, die dem Meister Mir Ali aus Tabriz im 14. Jahrhundert zugeschrieben wird. Besondere Bedeutung hat die arabische Schrift zu allen Zeiten auch als schmückendes Element. Sie ist als Inschrift oder stilisierte Zierschrift wie die Ornamentik auf zahlreichen Kunstgegenständen, Bucheinbänden und in der Architektur zu finden.

Eine besondere Anziehungskraft üben die oft zahlreich einem Band beigegebenen Miniaturmalereien aus. Es ist nicht nur das märchenhaft Prächtige, die Darstellung von Geschehnissen aus vergangenen Zeiten und fernen Ländern, sondern auch die reiche und leuchtende Farbenpracht der Miniaturen, die uns erstaunen läßt und in ihren Bann zieht. Dabei überrascht uns die außerordentliche Feinheit der Ausführung. Auf feinem, sorgfältig mit Achatstein geglättetem Papier wurden Vorzeichnung und Grundierung ausgeführt, ehe man die Deckfarben auftrug. Diese waren Erd- und Pflanzenfarben, die man aus natürlichen Rohstoffen gewann, wie durch das Zerreiben von Steinen und Halbedelsteinen, aus Erden, Pflanzenteilen und Seide. Schwarz wurde vorwiegend aus Lampenruß hergestellt. Goldtusche, auch Muschelgold genannt (da in Muschelschalen angerührt und aufbewahrt), wurde aus Goldstaub gewonnen und mit Eiklar vermalt. Auch Blattgoldauflagen kommen vor. Da die Miniaturmaler die Farben selbst herstellten, ist ihre Verfeinerung und Mischung ihr persönliches Geheimnis geblieben. Zum Auftrag der Farbe verwendeten sie feinste Pinsel aus Ziegen-, Kamel- oder Eichhörnchenhaar, für besondere Feinheiten sogar Einhaar-Pinsel. Zum Schluß wurde die Miniatur nochmals geglättet.

Im wesentlichen gibt es vier große Kulturbereiche, aus denen die bedeutendsten Denkmäler der islamischen Buchkunst überliefert sind: der arabische, türkische, persische (iranische) und indo-islamische. Da es hier nicht möglich ist, die einzelnen Epochen dieser Kulturkreise in ihrem Entwicklungsablauf darzustellen, haben wir eine andere Gliederung gewählt: die Gliederung nach der Sache (vgl. das Inhaltsverzeichnis). Während die ersten fünf Abbildungen einen Eindruck von der Entwicklung der Schriftkunst vermitteln, führen die übrigen in die Welt der Miniaturmalerei. Die vorliegenden Beispiele sind alle aus Sammlungen in der DDR ausgewählt worden. Durch sie gewinnen wir einen Überblick über die Vielseitigkeit und den hohen Stand der islamischen Buchkultur.

Koran-Handschrift mit Ledereinband

Nordafrika, Marokko, 17./18. Jahrhundert
Maße des Blattes: Höhe 11 cm, Breite 11 cm
Staatliche Museen zu Berlin, Islamisches Museum

Das Vorsatzblatt zeigt ein kleines handgeschriebenes Buch mit rotem Ledereinband und gepreßten Goldornamenten, eine Abschrift des Korans. Es ist das heilige Buch der Muslime, der sich zur Religion des Islam bekennenden Völker. Wie sie glauben, wurde sein Inhalt von Allah, dem einzigen Gott der islamischen Religion, den Menschen durch den Propheten Muhammad (Mohammed), der von 569 bis 632 u. Z. in Arabien lebte, offenbart. Islam bedeutet »Unterwerfung« unter den Glauben oder auch »Hingabe« an die Religion. Der Koran enthält in 114 Kapiteln, die man Suren nennt, Glaubensvorstellungen und Verhaltensregeln oder auch Pflichten für die Gläubigen, die als Rechtsgrundlage dienten. Das Glaubensbekenntnis »Es gibt keinen Gott außer Allah (Gott) und Muhammad ist der Gesandte (Prophet) Allahs« sowie das rituelle Gebet, das Fasten im Monat Ramadan, die Abgabe von Almosen (Armensteuer) und die Wallfahrt nach Mekka sind die fünf Pflichten eines jeden Muslims. Sie werden auch die fünf Säulen des Islam genannt. Die Darlegungen des Korans hatten als Ideologie einen entscheidenden Einfluß auf das gesamte gesellschaftliche Leben, auf Künste und Wissenschaften, der in vielen Ländern bis in die Gegenwart wirkt. Mit dem Auszug (Hidschra) des Propheten Muhammad von Mekka nach Medina im Jahre 622 u. Z. begann eine neue, die islamische Zeitrechnung.

Das kleine Buch mit quadratischen Seiten ist im Duktus des Maghribi geschrieben, das heißt in einem besonderen Stil der Schrift, wie er in Spanien und den Ländern des Maghrib im westlichen Nordafrika üblich war. In seinen Formen geht er auf die Tradition des Kufi zurück, das wir in der nächsten Abbildung kennenlernen werden. Das Wort Allah ist jedesmal durch Goldbuchstaben hervorgehoben. Vom Einband sehen wir nur die Lederklappe. Sie wurde beim Schließen des Buches um den Buchblock und über den Buchdeckel gelegt, mit dem man das Buch aufschlägt. Durch die entgegengesetzte Schreibweise beginnen die Bücher mit arabischer Schrift von der »hinteren« Seite. Häufig wurden die Handschriften für den persönlichen Gebrauch noch in eine Ledertasche gesteckt.

Blatt aus einer Koran-Handschrift

Irak, 9. Jahrhundert
Maße des Blattes: Höhe 16,4 cm, Breite 24,5 cm
Staatliche Museen zu Berlin, Islamisches Museum

Dieses einzelne Blatt im Querformat stammt von einer Abschrift des Korans auf Pergament, das in früheren Zeiten benutzt wurde, bevor das Papier in Gebrauch kam. Bis heute wird Pergament als Beschreibstoff noch für besondere Schriftstücke und Urkunden verwendet. Der Inhalt ist ein Text aus der 2. Sure, Vers 205 bis 206, und ermahnt zur Gottesfürchtigkeit, da Allah den Hochmut bestraft. Der Stil oder Duktus der 6 Schriftzeilen ist ein breit gezogenes oder gestrecktes Kufi (benannt nach der Stadt Kufa im Irak). Seine Längen und Rundungen ergeben ein ruhiges und ausgewogenes Schriftbild, das dem Format des Blattes angepaßt ist. Das schlicht gehaltene Blatt ist mit dünnen farbigen Linien umzogen, und die roten Punkte ergeben ebenfalls eine schmückende Wirkung. Diese Art monumentaler Schrift finden wir auch bei Steininschriften in der Architektur, auf Münzen und Erzeugnissen des Kunsthandwerks.

Blatt aus einer Koran-Handschrift

Irak, Mongolenzeit, um 1300
Maße des Blattes: Höhe 57,6 cm, Breite 38,5 cm
Dresden, Sächsische Landesbibliothek

Diese Seite ist das Anfangsblatt der 4. Sure aus einer großen prunkvollen Koranhandschrift, die, wie man vermuten darf, einstmals für eine Moschee gestiftet wurde. Leider ist sie nur unvollständig erhalten geblieben. Jede Seite enthält im Schriftspiegel 5 Zeilen, die abwechselnd mit schwarzer Tusche und Goldtinte auf Papier geschrieben sind. Durch die diakritischen, das heißt lautunterscheidenden Zeichen ist die Schrift eindeutig lesbar. Die Kapitelüberschrift, der Surenkopf, ist fein verziert, wobei die Umrahmungen des Rechtecks und des Kreises als Flechtband gestaltet sind. Während die Überschrift in den beiden Kartuschen des Rechtecks kleiner und in einer östlichen Variante des älteren Kufi geschrieben ist, wurde für die Textzeilen ein anderer, dem Thuluth nahestehender Duktus gewählt. Es ist ein spannungsreiches und ausgewogenes Rihan-Naskhi, bei dem gleichfalls jeder Buchstabe nach festgelegten Regeln und Größenordnungen gestaltet ist. Im Schriftbild sind die senkrechten Teile (Hasten) der Buchstaben in die Höhe gezogen, zugleich sind die Buchstaben aber dicht aneinandergerückt, so daß trotz der Dynamik in den einzelnen Zeilen ein geschlossener Eindruck entsteht.

Die 4. Sure des heiligen Korans mit 175 Versen heißt »Die Frauen« und wurde dem Propheten in Medina offenbart. Sie besteht aus verschiedenen Abschnitten, die meistenteils aus den Jahren 624 bis 626 u. Z. stammen. Sie behandelt rechtliche Fragen, die die Stellung der Frau und der Waisen in der Gesellschaft betreffen, und gibt Vorschriften zum Schutz und zur Verwaltung ihres Vermögens. Sehr wahrscheinlich entspringt die Sorge um die Waisen der Tatsache, daß Muhammad selbst Vollwaise war. Im Vordergrund stehen natürlich die Lobpreisungen Allahs, seiner Macht und Gerechtigkeit. Der Beginn der 4. Sure verweist auf die aus der christlichen Religion bekannte Schöpfungsgeschichte:

Im Namen des barmherzigen und gütigen Gottes!
Oh, ihr Menschen, fürchtet euern Herrn, der euch erschaffen hat aus einem einzigen Wesen [gemeint ist Adam], *und aus ihm erschuf er seine Gattin, und aus ihnen viele Männer und Frauen…*

بِسْمِ ٱللَّهِ ٱلرَّحْمَٰنِ ٱلرَّحِيمِ
يَٰٓأَيُّهَا ٱلنَّاسُ ٱتَّقُوا۟ رَبَّكُمُ
ٱلَّذِى خَلَقَكُم مِّن نَّفْسٍ
وَٰحِدَةٍ وَخَلَقَ مِنْهَا

Zierseite aus einem Koran

Iran, Mitte 16. Jahrhundert
Maße des Blattes: Höhe 38 cm, Breite 24 cm
Berlin, Deutsche Staatsbibliothek

Vor uns liegt ein Blatt, auf dem die Verzierungen gegenüber der Schrift dominieren. Es ist einer größeren Koranhandschrift entnommen, bei der die Weiterentwicklung der Buch- und Schriftkunst deutlich zu erkennen ist: an einem prachtvollen Einband, kostbar verzierten Titelseiten und der komplizierten Aufteilung des Schriftspiegels. Ein Buch muß man stets als Gesamtkunstwerk betrachten, selbst wenn hier nur eine Seite daraus abgebildet ist. Zur Handschrift gehört ein Ledereinband mit Buchklappe, der außen fast vollständig mit goldgepreßten Ornamenten, wie Ranken, Arabesken und Wolkenbändern, geschmückt ist (vgl. die Abbildung auf dem Rücktitel). Die Innendeckel sind mit einem spitzovalen Medaillon, Eck- und Randkartuschen in verschiedenen Farben und Lederfiligran verziert. Ihre Innenfelder mit Wolkenbändern und die umlaufenden Schriftkartuschen sind gepreßt, vergoldet und gepunzt.

Unsere Abbildung gibt das rechte Blatt einer Doppelseite wieder, die zugleich den Beginn des Korans darstellt. Die Sure »al-Fatiha« ist die Eröffnungssure, geoffenbart zu Mekka:

Im Namen Allahs, des Erbarmers, des Barmherzigen!
Lob sei Allah, dem Weltenherrn, dem Erbarmer, dem Barmherzigen,
dem König am Tag des Gerichts!
Dir dienen wir und zu dir rufen um Hilfe wir.
Leite uns den rechten Pfad, den Pfad derer, denen du gnädig bist,
nicht derer, denen du zürnst, und nicht der Irrenden.

Die Buchstaben dieser Schrift im Rihan- oder Rayhani-Duktus sind mit weißer Tinte auf den Goldgrund des spitzovalen Mittelmedaillons geschrieben. Auf dem blauen Grund zwischen den Halb- und Viertelmedaillons am inneren Rand ranken sich spannungsvoll die sogenannten Wolkenbänder. Der rechteckige goldgrundige Rahmen mit Blütenrankenverzierung grenzt die Schriftseite von der filigranartigen Randverzierung ab, die sich um die drei nach außen liegenden Rahmenseiten herumlegt. Die Mitte der Längsseite wird durch ein goldgrundiges Halbmedaillon besonders hervorgehoben, um gleichsam auf den danebenstehenden Text im Innenfeld hinzuweisen. Schrift, Illumination und Einband gestalten dieses Buch zu einem Exemplar von ausgesuchter Schönheit.

الكتاب
سورة فاتحة مكية
بسم الله الرحمن الرحيم
الحمد لله رب العالمين الرحمن
الرحيم مالك يوم الدين اياك
نعبد واياك
نستعين

LIEBESGEDICHT

Indisches Albumblatt mit persischen Versen
Iran, 3. Viertel des 16. Jahrhunderts; Indien, 17. Jahrhundert
Maße des Blattes: Höhe 40,5 cm, Breite 28 cm
Staatliche Museen zu Berlin, Islamisches Museum

Etwa zur gleichen Zeit wie das vorhergehende Beispiel einer Zierseite aus einer Koranhandschrift wurden die Verse auf diesem Albumblatt geschrieben. Die Kalligraphie ist nicht nur zur Abschrift des Korans weiterentwickelt worden, sondern auch, um schöne Gedichte oder weise Sprüche und gleichzeitig Schriftproben der größten Meister zu überliefern. Sie dienten als Vorbild bei der Erlernung und Übung der Schönschrift. Es galt als selbstverständlich, größte Mühen auf sich zu nehmen und den glanzvollsten Beispielen nachzueifern. Kalligraphen, die in fürstlichen Diensten arbeiteten und die die Wertschätzung ihres Herrn genossen, bekamen Ehrentitel verliehen, wie z. B. »Süße Feder«, »Moschus-Feder« oder »Goldene Feder«. Die Kalligraphen-Meister signierten selbst in aller Bescheidenheit und Ergebenheit mit »der sündige...«, »der geringe...«, »der Knecht Gottes...« oder »...Gott möge seine Fehler verzeihen«.

Das Blatt, beschrieben mit großer und schöner, harmonisch und rhythmisch geschwungener Nastaliq-Schrift auf hellem Grund, zeigt die Verszeilen und die Signatur in schräger Anordnung. Dies hat sich zu einer Tradition herausgebildet, die bis in die Gegenwart fortlebt. Die Zeilen sind wolkenartig eingefaßt, während der übrige Grund mit feinsten Blütenstauden und Ranken in Gold- und Silbermalerei gefüllt ist. Diese Zeilen des Schreibers Abdullah, der wahrscheinlich als Beamter am Hof des Schahs Tahmasp die Korrespondenz geführt hat und selbst auch Verse schrieb, gelangten eines Tages nach Indien, wo sie auf einen Karton geklebt, mit Randmalerei verziert und in einem Miniaturen-Album aufbewahrt wurden. Die fein ausgeführte Randmalerei mit verschiedenen farbigen Blüten, unter denen wir Lotos, Rosen, Iris, Mohn und Studentenblumen erkennen, bildet den passenden Rahmen für ein Liebesgedicht:

Deine rubinroten Lippen geben tausend Versprechen, doch halten sie keines.
Tausend Pfeile schnellen aus Deinen Augen, nicht einer davon geht fehl.
Fahl wie das Gold ward mein Gesicht vor Gram.
Dein eisern Herz – mit jedem Schlag versetzt es mir Wunden.

Der geringe, sündige Abdullah, (Gott) vergebe ihm!

KARTE DES MAGHRIB

Westliches Mittelmeer mit Spanien und Nordafrika
Aus dem Buch der Länder von al-Istachri (um 950)
Maße des Blattes: Höhe 24 cm, Breite 18 cm
Gotha, Forschungsbibliothek Schloß Friedenstein

Im Gegensatz zu Koran-Handschriften, sind in wissenschaftlichen Werken Abbildungen zu den Beschreibungen nötig. Das trifft natürlich ganz besonders auf geographische Werke zu. Auf unserem Blatt, das aus einer arabischen Handschrift von 1173 stammt, sehen wir die vereinfachte und schematisierte Form einer Landkarte von Nordwestafrika und der Iberischen Halbinsel. Sie ist noch nicht, wie es uns heute ganz selbstverständlich vorkommt, nach Norden orientiert, sondern, wenn wir von unten nach oben blicken, verläuft die Richtung von Osten nach Westen. Die ebenfalls im 12. Jahrhundert, jedoch etwas früher entstandene berühmte Weltkarte des al-Idrisi von 1154 ist sogar von Norden nach Süden ausgerichtet.

Eine ganze Anzahl von Orten und Städten, die es heute noch gibt, waren bereits zu jener Zeit des al-Istachri blühende Städte, Zentren der Gelehrsamkeit, des islamischen Glaubens und politischer Macht sowie Stützpunkte an den Handelsstraßen.

In dem Halbkreis am rechten Rand, der die Iberische Halbinsel darstellen soll, finden wir, von einem doppelten Ring umzogen, Cordoba, die ehemalige Hauptstadt der Umayyaden-Dynastie in Spanien (756–1031). Auf sie laufen die meisten Wege zu, die hier als rote Linien gezeichnet sind. Links darüber, oberhalb von Cordoba, liegt zakkenartig rot umrandet Gibraltar, während man am Küstenring z. B. Städte wie Malaga und Tortosa erkennt. Im langen spitzen Dreieck liegen Zaragoza und Lerida, und im kleinen Dreieck unten steht Afrandja (»Land der Franken«). Der rotgrundige Kreis bedeutet Sizilien, und der grüne Grund stellt das Mittelmeer dar. Im linken Teil des Bildes sehen wir einen Teil des afrikanischen Kontinents. Ganz gerade gezogen erscheint hier die Nordküste Afrikas mit Städten wie Sus, Tunis und Tripolis, in dem rot umzogenen Halbkreis al-Mahdiya. An der zweiten Linie, im Landesinneren liegen z. B. Fez, Setif und das bedeutende, wieder doppelt rot umrandete Zentrum Kairuan. Links außerhalb des Randes ist das Land Sudan vermerkt. Obwohl diese alten Karten nicht auf exakter Landvermessung beruhen und die Städte auch nicht in der richtigen Entfernung voneinander eingezeichnet sind, haben sie für uns heute kulturhistorischen Wert.

صورة المغرب
البحر المحيط
فاس
تاهرت
البصيرة
قرطبة
جيان
القيروان
المهدية
برقة
اطرابلس
تونس
افرنجة
جبل القلال
جزيرة صقلية
حدود مصر
بحر الروم

Die Kosmographie des al-Qazwini

Iran, Schirazer Einfluß, 1. Viertel des 15. Jahrhunderts
Maße des Blattes: Höhe 24 cm, Breite 15 cm
Staatliche Museen zu Berlin, Islamisches Museum

Die Manuskripte der Weltbeschreibung al-Qazwinis haben für die Geschichte der islamischen Buchmalerei eine besondere Bedeutung. Waren es bisher meist arabische Übersetzungen von griechischen naturwissenschaftlichen Abhandlungen, die mit Bildern versehen wurden und zunächst im Irak die Entwicklung einer eigenständigen Miniaturmalerei förderten, so gab es nun die Kosmographie des al-Qazwini (gestorben 1283 im Irak), die durch Manuskripte mit zahlreichen Abbildungen die Weiterentwicklung der Miniaturmalerei begünstigte. Das Buch stellte in jener Zeit eine »Enzyklopädie des Wissens von den Dingen der Welt« dar. In ihm sind erstaunlich viele naturwissenschaftliche Beobachtungen und Erkenntnisse enthalten, die auch mit phantastischen Schilderungen kombiniert wurden. So bot der vielseitige Inhalt Gelegenheit zur Darstellung von Pflanzen, Tieren, Legenden, Fabelwesen und sogar Naturerscheinungen. Die im Islamischen Museum in Berlin aufbewahrte, jedoch nur unvollständig erhaltene Handschrift ist mit zahlreichen kleinen Miniaturbildern geschmückt. Nicht selten finden wir zwei oder drei Abbildungen auf einer Seite. Text und Miniaturen sind von einer Goldleiste umzogen. Unser Text ist eine persische gekürzte Übersetzung des ursprünglich in Arabisch verfaßten, damals reichlich 100 Jahre alten Werkes.

Die Kosmographie al-Qazwinis ist in zwei Hauptteile gegliedert, die die überirdischen und die irdischen Dinge beinhalten. Der erste Teil umfaßt die Sphäre des Himmels mit den Planeten und Fixsternen, den Tierkreiszeichen und Engeln sowie eine Untersuchung über Zeit und Kalender. Im zweiten Teil werden nach einer Beschreibung der elementaren Stoffe die vier Sphären von Feuer, Luft, Wasser und Erde geschildert. Danach folgen Betrachtungen über Donner, Blitz und andere atmosphärische Erscheinungen. Bei der Abhandlung der Sphäre des Wassers werden die einzelnen Meere mit ihren Inseln und Besonderheiten beschrieben, z. B. das chinesische, indische, persische Meer. Unsere Abbildung gehört zum Meer von Zendj (Sansibar), wo auf der Insel Saksar die Duwal Pay oder »Lederbein«-Menschen leben. Die auch als »Riemenbeinler« oder »Weichbeinler« bezeichneten Wesen gehen auf ältere Vorstellungen zurück, die bereits bei den

تن از انشت

صورت دوال پای

ومنها سمکة عظیمة یقال له المنشار
یکی از تجار کوید در بحر ماهیی را دیدم
جون کوهی از سر تا دنب او جون پشت
قنفذ بوذ و هر خاری مقدار دو کز
از استخوان سیاه مثل آبنوس و نزدیک
سر او دو استخوان دراز هر یک بقدر ده کز

آب را بدان زد و از ان آوازی عظیم
می آمد و رشاشات آن بهوا می رسید

جون باران و جون آن ماهی بر سفینه بکذرد
در حال بشکند ومنها سمکة یقال لها
الیال کویند درازی آن ماهی با نصد کز است
و جناح او جون ظاهر کند جون شراعی باشد
و نفخ کند اب را و در هوا جند ان برود که ببیند روز جون اهل مرکب خبر دارند
از دفتن او دهل و طاسات بزنند بانک بر دارند تا از ان بکریزد و بجناح و دنب

Indern, Griechen und Römern bekannt waren. Sie erinnern uns auch an die schlangenbeinigen Giganten, die im Kampf mit den Göttern am Pergamonaltar (2. Jahrhundert v. u. Z.) dargestellt sind. Durch die Überlieferung des Alexanderromans gelangten sie außerdem in die persische (Schahnameh) und arabische Literatur (Erzählungen aus Tausendundeiner Nacht: 5. Reise Sindbads des Seefahrers). Bei al-Qazwini findet sich nun folgende Beschreibung: *»Sie haben Menschengestalt und sind ausnehmend schön, doch haben sie in ihren Beinen keine Knochen. Ihre Schenkel sind wie ein bißchen Haut. Daher bewegen sie sich kriechend. Finden sie einen Gehenden, so bitten sie ihn solange, bis er sich zu ihnen setzt. Tut er das, so springt einer von ihnen auf seinen Nacken und schlingt seine Beine um ihn. Versucht dieser, ihn abzuwerfen, so zerkratzt er ihm mit seinen Fingernägeln das Gesicht und zwingt ihn unter sich, wie unsereiner sein Reittier unter sich zwingt.«* (Zitiert nach F. Meier.)

In verschiedenen Versionen wird noch berichtet, wie es dem Mann gelang, den Duwal Pay wieder loszuwerden, indem er ihn mit gegorenem Traubensaft trunken machte.

Die Abbildung auf S. 21 zeigt, wie ein Mann in blauem Gewand ein solches Wesen auf den Schultern trägt. Der Baum am Rand ist mit seinem Blattwerk der Szene in dekorativer Weise zugeordnet.

In jenem Meer gibt es auch den von den Seeleuten gefürchteten Sägefisch, der durch seine spitzen Knochen auf dem Rücken die Schiffe beschädigt. Beide Miniaturzeichnungen sind mit zarten Linien und feiner, zurückhaltender Farbigkeit mit reichlich Gold ausgeführt, wobei der einfache Papiergrund stehengelassen wurde. Das gilt auch für den Stil der übrigen Miniaturen des Manuskripts.

Nach den Meeren folgt die Beschreibung der Sphäre der Erde mit Angaben über ihre Gestalt, Größe und Regionen, über Ebenen und Berge, Flüsse, Quellen und Brunnen. Nach dem Mineralreich (Metalle, Steine, ölige Substanzen) folgt das Pflanzenreich (Bäume, Sträucher, Gräser, Blumen, Kräuter, Getreidearten usw.) mit zahlreichen ausführlichen Darstellungen, die zwar oft nicht botanisch genau, aber sehr reizvoll gestaltet sind, indem sie häufig durch Menschen, Tiere und Vögel belebt werden.

Der nächste Abschnitt behandelt das Tierreich, wobei an erster Stelle der Mensch steht, dann kommen die Dämonen (Dschinn), darauf die Säugetiere, Vögel, Reptilien und Insekten. Das Ende der Kosmographie bildet ein kurzes Kapitel über »sonderbar gestaltete Lebewesen«: hier das Volk Gog und Magog (eine Vorlage aus dem Alexanderroman), gegen das Alexander eine goldene Mauer errichten ließ.

ماهی

سنبله
عقاب
دلفين
قوس

Die Sternbilder des nördlichen Himmels

Kolorierte Zeichnung aus einer astronomischen Handschrift
Türkei, osmanisch, 18. Jahrhundert
Maße des Rechtecks: Höhe 20 cm, Breite 22 cm
Staatliche Museen zu Berlin, Islamisches Museum

In der islamischen Kultur spielt die Astronomie, die »Sternenkunde«, eine hervorragende Rolle. Sie ist jedoch schon viel früher nachzuweisen und gilt als die älteste Naturwissenschaft überhaupt. Noch ehe die Menschen schreiben und lesen konnten, waren die Sterne Gegenstand von Beobachtungen und eine Hilfe zur Orientierung. Der wandernde Schatten, hervorgerufen von Sonne oder Mond, zeigte an, daß sich etwas in Bewegung befindet. Durch die Gestirne wurde es möglich, die Zeit zu messen, eine Zeiteinteilung zu schaffen und ein Alter von Lebewesen und Dingen festzustellen. Da es in frühen Zeiten noch viel Unerklärliches gab, wurden Himmelskörper auch als Götterwesen verehrt und somit Gegenstand von Mythologie und Märchen. Am wichtigsten waren aber die ständigen Beobachtungen des Menschen, und die Wiederkehr von bestimmten Zyklen ermöglichte schließlich die Aufstellung von Kalendern. Das hatte große Bedeutung für Saat und Ernte, für die Kultivierung des Bodens. Seit alten Zeiten war der Stand der Gestirne auch ein wichtiges Hilfsmittel für die Seefahrer und für Reisende, die mit ihren Karawanen nachts unterwegs waren.

Die ältesten überlieferten Zeugnisse der Sternenkunde sind von den Babyloniern erhalten, die ihre Beobachtungen in Tontafeln ritzten, und von den alten Ägyptern, die beobachteten, daß die jährliche Überschwemmung des Nils mit dem Erscheinen von bestimmten Gestirnen übereinstimmte. Überhaupt kann man sagen, daß sich die alten Kulturvölker alle mit der Astronomie beschäftigten. Um sich am Sternenhimmel besser orientieren zu können, faßte man größere Gruppen von Sternen zusammen, die – mit viel Phantasie – eine Figur ergaben. So entstanden die Sternbilder. Aus den Dichtungen Homers und von Hesiod wissen wir, daß im antiken Griechenland viele Sternbilder bekannt waren, die noch heute so benannt sind. Das ist eigentlich der arabischen Wissenschaft zu verdanken. In Bagdad wurde im 9. Jahrhundert das große Werk (»Das große astronomische System«) des Ptolemäus aus Alexandria (um 90 bis 160) übersetzt und galt noch jahrhundertelang unter der Bezeichnung Almagest als Standardwerk. Durch lateinische Übersetzungen hielt sich die Auffassung vom ptolemäischen Weltsystem in Europa bis in die Neuzeit. Sie wurde erst durch die neuen Lehren von Kopernikus, Kepler und Newton widerlegt. 830 ließ Kalif al-Mamun in Bagdad ein »Haus der Weisheit« als Zentrum der Gelehrsamkeit errichten, zu dem auch ein Observatorium gehörte. In der Frühzeit des Islam gab es viele Universalgelehrte, die sich mit Astronomie beschäftigten und zugleich Ärzte waren. Unter ihnen sind der Perser Rhazes (865 bis 925), der im Irak wirkte, Avicenna (980 bis 1037) aus Mittelasien oder Moses Maimonides (1135 bis 1204), der in Ägypten tätig war, sowie Ibn Ruschd (Averroes, 1126 bis 1198) aus Spanien zu erwähnen. Abd ar-Rahman as-Sufi (903 bis 986), der am Hof in Isfahan lebte und sich mit den Fixsternen beschäftigt hatte, überlieferte eine ergänzende und korrigierte Beschreibung des ptolemäischen Werkes, deren Sternbilder noch im 15. Jahrhundert in Europa (vor allem in Italien) kopiert wurden. Er fertigte auch einen silbernen Himmelsglobus an, was ebenfalls auf antike Traditionen zurückgeht. Auf dem Himmelsglobus sieht der Betrachter die Sternbilder »von außen«, also seitenverkehrt zu denen, die auf flachen Sternkarten abgebildet sind.

Durch viele neue Entdeckungen wurden die Übersetzungen griechischer, persischer und indischer Handbücher ergänzt.

Unser Blatt aus einer astronomischen Handschrift zeigt die Sternbilder des nördlichen Himmels aus der arabischen Position. Die türkische Handschrift des 18. Jahrhunderts, die diese Zeichnungen enthielt, geht über arabische auch auf griechische Vorbilder zurück.

Die Karte ist nach dem Ekliptikalsystem aufgebaut, in dessen Mittelpunkt das Sternbild des Drachen zu finden ist, und nicht nach dem Polarstern ausgerichtet, der uns heute als Orientierungsmittelpunkt am nächtlichen Himmel gilt. Die Reihe der 12 Tierkreisbilder, die hier am Rand des Ekliptikalkreises angeschnitten werden, angeordnet in einem Kreis von 12 Segmenten, beginnt in der Mitte der rechten Seite mit dem Widder. Ihm folgen im entgegengesetzten Uhrzeigersinn der Stier, die Zwillinge, der Krebs, der Löwe, die Jungfrau, die Waage, der Skorpion, der Schütze, der Steinbock, der Wassermann und die Fische.

Die mit feinsten dünnen Wasserfarben kolorierte Sternkarte zeigt neben sechs Pastelltönen (Rosa, Hellblau, Graugelb, Purpurrosa, Violett, Hellgrün), die auf dem Rand alle 30° wechseln, eine Vielzahl von fein über die Fläche verteilten Goldpunkten, die in dekorativer Weise als Fixsterne gedacht sind.

Rustam auf dem Thron

Aus der Weltchronik des Hafiz-i Abru (gestorben 1430)
Persische Schriftseite mit Miniatur, Herat, um 1425
Einzelblatt, Höhe 42 cm, Breite 32 cm
Staatliche Museen zu Berlin, Islamisches Museum

Wir sehen den Helden Rustam, einen altiranischen Fürsten, der auch in anderen Darstellungen stets an seinem Leopardenkopfhelm und der Tigerfelljacke zu erkennen ist, in einer Landschaft auf dem Thron.

Im Schriftduktus des Naskhie und in persischer Sprache wird hier in langen Zeilen ohne Kolumnen eine Begebenheit aus dem Geschichtswerk (Madjma at-tawarikh) des Hafiz-i Abru berichtet. Rustam ist auch eine der Hauptpersonen im Epos Schahnameh, dem iranischen Königsbuch, wo er als berühmter und starker Held viele Abenteuer erfolgreich besteht. Daß hier gerade eine lebhafte Erörterung von Problemen stattfindet, erkennen wir an den Gesten der Minister, die alle zur Zentralfigur des Rustam blicken.

Die Darstellungsweise ist ziemlich einfach, aber trotz der Betonung der Senkrechten nicht starr. Die Komposition bewahrt im wesentlichen die Symmetrie, aber wenn man genau hinschaut, entdeckt man, daß der Thron etwas aus der Mitte gerückt ist; denn die Kapitelüberschrift bedeckt nicht ganz dessen unteres Ende. Durch diesen Kunstgriff und durch die unterschiedlichen schrägen Armhaltungen der Figuren läßt der Maler unseren Blick im Bild hin- und hergehen, ohne von der Hauptfigur abzulenken. Die Farbkomposition besteht hauptsächlich aus Rot-, Blau- und Grüntönen, dazu kommen Gelb und Schwarz und Gold vor einem hellvioletten Hintergrund mit hohem Horizont. Die Flächen des Vorder- und Hintergrundes sind mit gleichmäßig angeordneten Büscheln und Blütenstauden gefüllt. Wundervolles Arabeskrankenwerk schmückt den Thron und den Beamtensitz und ist auch an den Hüten zu finden, während Goldmuster die Gewänder verzieren. Ganz schematisch sind dagegen die Gewandfalten gezeichnet.

Von dem Verfasser Hafiz-i Abru wird berichtet, daß er nicht nur Geograph und Historiker gewesen sei, sondern auch ein Meister im Schachspiel. Als Hofgeschichtsschreiber von Timur (Tamerlan, 1336 bis 1405) und seinem Sohn Schah Rukh (er regierte 1409 bis 1447) erhielt er verschiedene Aufträge, geographische und geschichtliche Werke zusammenzustellen und zu einem großen Werk zu vereinigen. Er stützte sich dabei auf frühere Manuskripte von Weltchroniken.

ذکر رستم و عاقبت و احوال او

رستم دستان تهمتن ایران جهان پهلوان روزگار بوده است و از هیچ آفریده در شجاعت آنچه از و نقل میکنند منقول نیست
و با وجود آن زور و قوت بسیار سخن حکمت نیز از و نقل کرده اند و با این معانی و معانی نسب عالی نیز داشته است چنانچه
تقریر داده می آید رستم بن زال بن سام بن نریمان بن کودنك بن کرشاسف بن اثرط بن سهم بن طورك بن شیداسب بن تور بن جمشید
نسب او بجمشید رسانیده اند که پادشاه بود و کرشاسف در زمان ضحاک جهان پهلوان بود و اسدی کرشاسف نامه نظم کرده
و کتابی مشهور است و نریمان در زمان آفریدون پهلوان بود و سام بعهد منوچهر از مشاهیر بهادران بود و زال که دستان
لقب دارد در زمان منوچهر بدر بهادری و پهلوانی شهرت یافت و افسانه زال و سیمرغ از مشاهیر اسمار است و از کلمات که بدستان
نسبت میکنند گویند از سخنان اوست لا ظفر مع البغی و لا امال مع الاسراف سروری هست با سیم کردن و توانگری نیست
با کراف کاری و ممنوکشه است از اعظم المصایب محاربة من طلب الصلح از بزرگترین خطاهاست جنگ نوشتن با کسی که از تو آشتی طلبد
از بهر آنکه چون کار بر دشمن دشوار گشت و با ضرار و ستیز طریق گریز و مسدود گردانی دست مجاهدت در شیوه مقابلت
بگشاید و در شیوه معامله جان برمیان بندد و بر اندازه زور و مکیدت و حسب قوت و قدرت مقاومت نماید تا از راه مردانگی
و شجاعت پیش آید و تا توجه حیلت و خدیعت بدفع مضرت مشغول شود از بهر آنکه هیچ حیوانی اختیار ممات نکند و با سار حیات

Sultan Murad III.

Aus einem Geschichtsbuch über die Osmanen-Sultane
Türkei, osmanisch; Text von 1579, Miniaturen bis 1595
Maße der Blätter: Höhe 29,5 cm, Breite 17,5 cm
Dresden, Sächsische Landesbibliothek

Dieses historische Werk von Sayyid Loqman beginnt mit dem Begründer der Dynastie, Osman I. (1288 bis 1326), und endet mit Sultan Murad III. (1574 bis 1595). Zur Zeit seiner Herrschaft wurde das Buch in Auftrag gegeben und im Jahr 1579 vollendet. Als der Miniaturmaler die Porträts hinzufügte, mußte er sich auf ältere Werke verlassen und die Bilder von anderen Vorlagen kopieren; denn die Herrschaft des ersten Osmanensultans lag fast 300 Jahre zurück. Die Porträts sind alle in gleicher Weise dargestellt, wobei die Sultane alle eine ähnliche Haltung einnehmen. Sie unterscheiden sich jedoch in den Farben und Mustern ihrer Kleidung, durch Turbanformen, durch die Attribute, die sie in der Hand halten, sowie durch die Farben der Augen und des Barthaares. Da der Maler den Sultan Murad III. sicherlich mit eigenen Augen gesehen hat, dürfen wir annehmen, daß die Kleidung und der Turban tatsächlich so von ihm getragen wurden, wie es auf dem Porträt dargestellt ist.

Wir sehen den Herrscher auf einem rosaroten Teppich mit Goldrankenkanten sitzen, in selbstbewußter Haltung und mit majestätischem Blick. Sein gelbes Gewand mit Goldbrokatmuster in Form von chinesischen Wolken ist mit einer Goldschärpe gegürtet, in der ein Dolch steckt. Die halblangen Ärmel lassen die blauen, ebenfalls golddurchwirkten Ärmel des Untergewandes sehen. Das vorn offene Obergewand (Kaftan) aus weißer Seide, das auf seiner rechten Seite nur über die Schulter gelegt ist, zeigt große aufstrebene Goldrankenmuster und ist innen dunkelbraun gefüttert. Der kunstvoll aufgebaute Turban läßt noch die rote Turbankappe hervorschauen, an der ein langer schwarzer Federbusch befestigt ist. Mit der rechten Hand hält der Sultan ein dickes Buch, das kostbar in rotes Leder mit Goldverzierung gebunden ist. Daß sich der Sultan mit einem Buch porträtieren läßt, deutet auf seine Vorliebe für die Dichtung und andere Künste. Zu seiner Zeit wurden verschiedene Werke in Auftrag gegeben (Weltgeschichte, Lebensgeschichte von Propheten, Chroniken von Kriegszügen und anderen historischen Ereignissen), die prächtig mit Miniaturen ausgeschmückt wurden und die Herrlichkeit des Hofes, aber auch seine Verschwendungssucht demonstrierten.

بقان سلطان مرادك كل يوزينه   يقين بيك بيك قول اولر بر سوزينه

Die Festung Koron

Aus der Geschichte der Osmanen von Kemal Pascha-Zade
Türkei, osmanisch, Mitte des 16. Jahrhunderts
Maße des Blattes: Höhe 26,5 cm, Breite 18 cm
Dresden, Sächsische Landesbibliothek

Koron am westlichen Zipfel der Halbinsel Peloponnes im Mittelmeer geht auf die Gründung einer antiken Hafenstadt von 365 v. u. Z. zurück, war in byzantinischer Zeit bereits ein befestigter Ort und später ständiges Streitobjekt zwischen Venezianern und Türken. Wie es diesen am 15. 8. 1500 gelang, die Festung kampflos zu erobern, erfahren wir aus der zeitgenössischen Chronik des Oruç: *»Nachdem die Feste Moton erobert worden war, zogen sie gegen die Burg Koron. Die Leute in der Burg Koron hatten erfahren und gesehen und gehört, wie es der Feste Moton ergangen war, ... und waren sich klar darüber, was ihnen selber widerfahren würde. Daher sandten sie Botschafter zum Padischah und übergaben ihm die Burg gutwillig und erhielten Pardon und Sicherheit. Als der Padischah hinritt, um die Burg Koron zu besichtigen, kamen ihm die Leute der Feste Koron entgegen, empfingen ihn ehrerbietig und ehrfürchtig und breiteten unter die Füße des Pferdes seiner Majestät des Padischahs goldbestickte Tücher von Samt und Atlas und Scharlachstoff und Brokat und fränkischem Linnen. Und der Padischah gewährte ihnen Verzeihung und ließ Milde walten und nahm ihnen nicht das geringste weg, und sie durften an ihrem Platze verbleiben.«* (Zitiert nach S. Schreiner.)

Die uns hier vorliegende kolorierte Zeichnung stammt aus einem Ergänzungsband mit Miniaturen, die Festungen darstellen, zu einer berühmten türkischen Chronik, die um die Mitte des 16. Jahrhunderts angelegt wurde. Auf dem Bild sehen wir in vereinfachter Form – auf hohem, vom Meer umspültem Felsgestein – eine Wehranlage und Festungsstadt mit hohen Mauern und mächtigen Bastionen, aus denen nach der Seeseite Kanonen herausragen. Im Innern befinden sich, dicht gedrängt, zahlreiche kleine Häuser mit Bogenfenstern und schraffiertem Satteldach, von denen die meisten rot oder blau koloriert sind. Vorn in der Mitte erkennen wir eine Moschee mit Kuppel und dahinter ein Minarett. Das untere Drittel des Bildes beherrscht die Meeresfläche mit zwei Segelschiffen. Die fein abgestimmte und stilisierte Farbigkeit in Hellblau, Rot und Gold, harmonierend mit den hellbräunlichen Tönen der Uferfelsen und Berge und kontrastierend mit dem Weiß der Festungsmauern und Häuser, ergibt ein sachlich-anschauliches und doch künstlerisch umgesetztes Bild.

قلعهٔ قرون

طناب به پیشش آمده آن دو پادشاه عالیجاه یکدیگر را در بغل گرفتند و با هم معانقه کرده باتفاق بدرون
وثاق رفتند آن پادشاه همایون را بخود متصل نشانیدند
نواب همایون پادشاه صادق الاعتقاد
چون این رباعی که از نتایج طبع نقادش بود بزبان حال عرض نمود رباعی ای شاه جهان که

Fürstlicher Empfang

Aus einer Herrscherchronik der Safawiden, vollendet 1592
Iran; Miniaturen in Isfahan, 1. Hälfte des 17. Jahrhunderts, ergänzt
Maße des Blattes: Höhe 41 cm, Breite 25 cm
Berlin, Deutsche Staatsbibliothek

Ähnliche Begrüßungsszenen kennen wir auch von Fotos unserer Tage. Zwei bedeutende Menschen treffen sich, und nicht selten steht damit ein historisches Ereignis in Zusammenhang. Die Begegnung, die auf dieser Miniatur dargestellt ist, fand genau am 11. März 1545 statt und zeigt den indischen Kaiser Humayun (1530 bis 1556) und den persischen Schah Tahmasp (1524 bis 1576), welcher den Flüchtenden bei sich aufnahm und ihm mehrere Jahre Asyl gewährte. Humayun, der Sohn Kaiser Babars (dem wir in der Miniatur mit der Jagdrast begegnen werden), konnte seine Macht in Indien zunächst noch nicht festigen. Nach verschiedenen Kämpfen mußte er vor dem afghanischen Heerführer Sher Shah fliehen und sich an den Safawiden-Hof nach Iran begeben. Über Herat und Maschhad gelangte er nach der Hauptstadt Kazwin, in deren Nähe er vom persischen Schah, der sich gerade auf dem Weg zum Sommerlager befand, fürstlich empfangen wurde: *»Als Humāyūn sich bis auf eine Tagesreise dem großköniglichen Heerlager genähert hatte ... entsandte der Shah den Großvezir Qāẓī Ǧehān mit etlichen Emiren und Sayyeds zu ihm, während von allen Seiten die Iraner herbeieilten, den indischen Fürsten zu bestaunen. Nachdem dieser in der Nähe des Großkönigs angelangt war, stieg er ab und begab sich in Begleitung der Prinzen Sām und Bahrām (Brüder Ṭahmāsps) zum Königszelt. Der Shah trat zu Ehren des Gastes heraus, worauf beide Herrscher sich umarmten. Danach geleitete Ṭahmāsp Humāyūn in das Königszelt, wo er den Gast neben sich sitzen ließ«.* (Zitiert nach W. Hinz.)

Auf dem figurenreichen und prachtvoll farbigen Blatt mit goldenem Himmel ist ebendiese Szene dargestellt. Auf einem riesigen Teppich unter einem aufgespannten Sonnendach und neben einem goldenen Thron mit Ehrenschirm findet die Begrüßung statt. Während auf der rechten Seite das Gefolge des Schahs zu sehen ist, treten von links die persischen Geleitpersonen und einzelne Inder heran, die an ihren flachen Turbanformen zu erkennen sind.

Bedeutung erhielt der Aufenthalt Humayuns auch durch seine Berührung mit den Künsten am iranischen Hof. Dadurch wurde er angeregt, bei seiner Rückkehr persische Maler einzuladen, die unter Mitarbeit indischer Maler das Atelier der Moghulschule begründeten.

یکی گرگ پیکر درفشی بدست / برفتند و جستند جای نبرد / بروی اندر آورده لم اسپران

بزد پیش یاران و کرد آفرین / ابر شاه و بر پهلوان زمین

رزم گرگین با اندریمان

دگر درفش گرگین نهم کینه خواه / بنیزه بکوشید و کشتند بیت / یکی تیر گرگین بزد بر سرش

دو خوفی و هر دو سر انجمن / یکی تیغ زد بر سر ترک اوی

رزم برته با کهرم

همی آزمودند هر گونه جنگ / که تا سینه کهرم بدو نیم گشت

فراز آمد اندر آن کینه و دم / فرو ماند خورشید روز نبرد / ز یزدان به پیران رسید آن بدی / بدانست کان گردش ایزدیست

کشتن گودرز پیران را

همی برنوشتند هر دو زمین / بتیغ و بخنجر بگرز و کمند / ابا خواست یزدان چاره نماند / وز ایشان کمان برگرفتند

ولیکن ز مردی همی کرد کار / بکوشید با گردش روزگار

Zwei Szenen aus dem Schahnameh

Iran, Turkmenenstil, Ende des 15. Jahrhunderts
Maße des Blattes: Höhe 36 cm, Breite 24,5 cm
Berlin, Deutsche Staatsbibliothek

Die in einen prachtvollen Ledereinband mit Klappe gebundene Handschrift umfaßt 317 Textblätter und ist mit 87 Miniaturen geschmückt. Manchmal sind zwei bis drei Bilder auf einer Seite untergebracht, und einige gehen sogar über den Schriftspiegel hinaus. Der Text ist in sechs schmale Kolumnen eingeteilt und im Naskhi-Duktus geschrieben, die Kapitelüberschriften prangen in Goldschrift über einem Spiralrankengrund. Wie aus der Schlußschrift, dem Kolophon, am Ende des Manuskripts zu ersehen ist, wurde die Handschrift am 18. 6. 1489 vom Kalligraphen Schams ad-Din al-Fustaqi al-Kirmani für einen chorasanischen Fürsten vollendet.

Das Schahnameh oder Königsbuch ist das iranische Nationalepos und gehört zu den hervorragendsten Werken der Weltliteratur. Es wurde vor mehr als 1000 Jahren von dem Dichter Abu'l Qasim Mansur aus Tus verfaßt (geboren um 934, gestorben zwischen 1020 und 1025), der unter dem Dichternamen Firdusi bekannt ist. Es umfaßt je nach Abschrift mit Einfügungen oder Weglassungen etwa 50000 Verse und ist heute noch in einigen Dutzend Manuskripten erhalten geblieben. An Berühmtheit und Beliebtheit im Volk kann man es mit den altgriechischen Werken Homers, der »Ilias« und »Odyssee«, oder mit dem indischen »Mahabharata« vergleichen. All diese Werke erzählen von den sagenhaften Helden und Fürstengeschlechtern aus alter Zeit, von ihren Heldentaten, Abenteuern, schrecklichen Schlachten und Kämpfen für das Gute und die Gerechtigkeit. Sie sind mit Geschichten und Sagen ausgeschmückt, die sich so recht zum Vortragen und Erzählen eigneten. Denn bevor diese Epen aufgeschrieben und in künstlerische Versform gebracht wurden, waren sie schon lange Zeit mündlich überliefert worden. Daher kommt es auch, daß in verschiedenen Kulturkreisen ähnliche Erzählungen und Märchen auftauchen, die der eigenen Welt angepaßt sind.

Das iranische Königsbuch umfaßt die vorislamische Zeit Irans. Es beginnt mit der mythischen Vorzeit und reicht über die Achämeniden und das Weltreich Alexanders des Großen bis zum Untergang der Sasanidenherrschaft durch das Vordringen des Islam in der Mitte des 7. Jahrhunderts. Der Dichter schöpfte sowohl aus alten Überlieferungen, die in seiner Zeit schon bis zu 2000 Jahren zurückreichten, als auch aus historischen Quellen, die damals nur einige Jahrhunderte alt waren. Das zeigt sich, wenn immer wieder der alte Streit der Iraner gegen die Turaner (gemeint sind die Turkvölker Zentralasiens) heraufbeschworen und ausführlich geschildert wird. Bedeutend sind die Heldentaten einzelner Vasallenfürsten, die die Truppen aufbringen und für den König kämpfen mußten. Gleichzeitig symbolisierte der Kampf der Iraner nach den alten Lehren des Avesta den Kampf der Mächte des Lichts gegen die Finsternis, des Guten gegen das Böse. Aus dieser Gedankenwelt heraus betrachtet, siegen die iranischen Helden immer erneut über die Turaner.

Solche Situationen sind auch in unseren beiden Miniaturen wiedergegeben:
oben: Gurgin verwundet Andariman, einen Turaner, mit dem Pfeil,
unten: Barta reitet mit dem toten Kuhram, einem Turaner, vom Kampfplatz.

Sie stehen stellvertretend für zahlreiche solche Bilder, auf denen wir den Helden in Rüstung und auf gepanzerten Pferden begegnen. Sie alle sind sehr ähnlich in der Darstellungsweise, so daß uns nur der dazugehörige Text Aufschluß geben kann, wer gemeint ist. Der Miniaturmaler konzentriert sich dabei auf wenige Figuren, die das Geschehen durch ihre Körperhaltung und Gebärden zum Ausdruck bringen, während der Gesichtsausdruck gleichförmig bleibt. Die Miniaturen sind eng mit dem Text verbunden und vertreten eine frühe Entwicklungsphase der Buchillustration, indem sie klein in den Ausmaßen und im Querformat gehalten sind. Das kleine Format der Miniaturbilder und ihre mehrfache Anordnung auf einer Textseite ist uns bereits aus der Qazwini-Handschrift bekannt.

Im Laufe der Entwicklung löst sich das Bild mehr vom Text, wird größer und figurenreicher und nimmt wie bei dem anderen Schahnameh-Manuskript aus der Deutschen Staatsbibliothek Berlin schließlich die ganze Seite ein, auf der sich nur noch ganz kleine Textabschnitte befinden. Auch solche Beispiele gibt es mehrfach unter unseren hier ausgebreiteten Schätzen. Die Miniaturen dieser Schahnameh-Handschrift illuminieren nicht nur den Text, sondern in ihrer fein ausgeführten Zeichnung und erlesenen Farbigkeit sind sie ein echter Buchschmuck.

Lohrasp auf dem Thron

Szene aus dem iranischen Königsbuch Schahnameh
Persische Miniatur (Einzelblatt), Schiraz, um 1510
Maße des Blattes: Höhe 33 cm, Breite 20 cm
Staatliche Museen zu Berlin, Islamisches Museum

Auf dieser Manuskriptseite aus einer verlorengegangenen Schahnameh-Handschrift beginnt gerade ein neues Kapitel, das Buch von Lohrasp. Die Überschrift in weißen Buchstaben ist in der großen goldenen Kartusche zu lesen, die sich wie das Medaillon auf einem Teppich oder einem Buchdeckel in der Mitte des umrandeten Rechtecks oberhalb des Schriftfeldes mit der Miniatur befindet. Darüber bilden weitere nebeneinandergestellte Ornamente einen zusätzlichen Kontrast zwischen Gold und Blau. Das gesamte Rechteck des reich geschmückten Kapitelkopfes – man nennt ihn Unwan – ist mit feinstem Rankenwerk, mit Blüten- und Blattformen verziert. Diese feinteilige Blau- und Goldillumination ist für persische Handschriften typisch. Seit dem 15. Jahrhundert wird sie für lange Zeit beibehalten und beeinflußt auch die türkische und indische Buchkunst.

Auf einer fast quadratischen Miniatur ist der thronende Schah Lohrasp im Kreise seiner Hofleute dargestellt. Er ist der Nachfolger des berühmten Schah Kai Khosrau, der 60 Jahre lang regiert hatte und sich dann von der Welt zurückziehen wollte. Nachdem er die großen Feldherrn seines Reiches hatte rufen lassen, schenkte er ihnen Ländereien, Schätze und Ehrengewänder. Lohrasp aber bekam die Krone und wurde der zukünftige Herrscher von Iran.

»Da Bischen den Lohrasp zu Chosru leitete,
Erhob sich dieser von dem Sitze, breitete
Die Arme aus und stieg herab vom Throne.
Vom eignen Haupte nahm er sich die Krone
Und gab sie dem Lohrasp, dem er zugleich
Die Herrschaft abtrat über Iran's Reich...
Die Welt fortan als Schah besel'ge du!
– Sprach er zu ihm – das Heer befehl'ge du!
Viel müht' ich mich; nun lass' ich meinen Platz
Und übergebe Thron dir, Reich und Schatz.
Weis' und gerecht magst du der Herrschaft pflegen,
Denn nur Gerechtigkeit bringt Sieg und Segen.
Willst du in immer jungem Glücke thronen,
So darf kein Diw in deinem Herzen wohnen.«

چو لهراسپ بنشست بر تخت داد | بشاهنشهی تاج بر سر نهاد | جهان آفرین را ستایش گرفت | نیایش ورا در فزایش گرفت

چنین گفت کز داور داد و پاک | پر امید باشید و با ترس و باک

نگارنده چرخ گردنده اوست | فزاینده فره بنده اوست | چو دریا و کوه و زمین آفرید | بلند آسمان از برش بر کشید

Da die Edelleute sehr verwundert und nicht zufrieden waren, daß die Königswürde an einen weniger bekannten Ritter übergehen sollte, beschwichtigt und überzeugt Kai Khosrau seine Gefolgsleute:

»Wer Glauben hat und wessen Adel echt ist,
Wer mutig, rein von Absicht und gerecht ist,
Der ist auch wert, daß ihn die Krone schmücke;
Der Weltherr segnet ihn mit allem Glücke.
Bezeuge Gott mir, der uns schützt und stützt,
Daß diese Tugenden Lohrasp besitzt!
Huscheng's, des hehren Schahes, Enkel ist er;
Von Herzen rein, des Rechtes nie vergißt er.
Zum Stamm des Kai Kobad und des Peschin
Gehört er, Mut und Weisheit zieren ihn.
Der Bösen Haupt wird er zum Staube beugen,
Der Welt den Pfad zu reinem Glauben zeigen;
Durch weisen Rat wird er dies Reich erneuen
Und es durch seinen Sohn, ihm gleich, erfreuen...«

(Zitiert nach A. F. von Schack.)

Die kleine Szene unserer Miniatur zeigt nun Lohrasp bereits als Inhaber des Thrones im erhöhten Zentrum des Bildes. Rechts und links vor ihm sitzen zwei Edelleute mit übergeschlagenen Beinen auf goldenen Sesseln. Hinter der hohen Thronlehne sehen wir rechts einen Waffenträger mit Bogen und Pfeilen im Köcher, links den Schwertträger, welcher als Ausdruck des Erstaunens den Zeigefinger an den Mund legt. Alle Gestalten tragen kurzärmelige, lange, mit Goldmustern durchwirkte Obergewänder, die gegürtet sind, und darunter ein andersfarbiges, langärmeliges Untergewand. Die großen Turbane mit den stabartigen, spitzen roten Kappen sind eine modische Besonderheit aus der Zeit der Safawidenherrscher; denn der Maler hat die menschlichen Figuren so dargestellt, wie sie in seiner Zeit zu sehen waren. Vor dem Thron sind Teppiche mit Arabeskenmustern ausgebreitet. Dominierende Farben der Darstellung sind Blau, Rot, zartes pastelliges Grün sowie sattes Gelb. Dazu kommen noch verschiedene Töne wie helles Lila, dunkles Rot, Rötlichbraun und immer wieder Gold, das vielseitig zur Verzierung verwendet wird. Die sehr ausgewogen verteilte und feine, leuchtende Farbigkeit trägt ebenso zum Gleichgewicht der gesamten Komposition bei wie die Anordnung der Figuren selbst. Diese bilden auf jeder Seite ungefähr einen Halbkreis um den Herrscher im Zentrum, der gleichzeitig wie die Spitze eines inneren Dreiecks wirkt. Blickrichtungen und Armbewegungen beleben das sonst ruhige Bild.

کتاب لهراسب نامه

Rustam fängt Raksch

Aus einer Handschrift des Schahnameh von 1593
Iran, Schiraz, Ende des 16. Jahrhunderts
Maße des Blattes: Höhe 32,5 cm, Breite 20,5 cm
Berlin, Deutsche Staatsbibliothek

Raksch mit einem Fell wie Rosenblüten ist ein Pferd besonderer Art. Stärker und kräftiger als alle anderen, wird es den Helden Rustam nun in seinem abenteuerlichen Leben voller Kämpfe begleiten. Unsere Miniatur schildert die beliebte Szene aus dem iranischen Königsbuch, in der der Held sich dieses Roß einfängt.

Als der König Kai Kawus nach Mazenderan gezogen war und dort in die Gefangenschaft der Diwe, dämonischer Ungeheuer, geriet, wollte sich der junge Rustam in Abenteuern Ruhm erwerben und seinen Herrn, den Schah, befreien. Er bat Sal, seinen Vater, um ein gutes Pferd, und dieser war stolz, daß Rustam ein Held Irans werden wollte. *»Sal ließ die besten Pferde des Landes zusammentreiben, auf daß sein Sohn sich ein Streitroß erwähle. Rustem legte allen die Hand auf den Rücken, ein jedes brach unter der gewaltigen Gaust in die Knie. Schon wollte er verzagen und klagte: ›Nie wohl soll ich ein Streitroß finden, das mir ansteht!‹*

Zuallerletzt kam noch ein uralter Hirte aus entlegenem Gebiet, der führte eine Stute mit sich, welcher ein junger Hengst folgte. Diesen Hengst hatte noch niemand bändigen können. Als Rustem ihm die Hand auflegte, stand er fest und stolz und wieherte freudig auf. Als Rustem nähertrat, rieb er seinen Kopf an seiner Schulter und erkannte ihn willig an als seinen Herrn. Darüber freuten sich alle, die es sahen, und Sal fragte den Alten nach dem Preis für den Hengst. Der erweiderte: ›Wohl alle Schätze der Welt könnte ich fordern für dieses edle Tier. Doch ist jener dort Rustem, dann soll er es umsonst haben; denn er wird eine Welt auf ihm erobern.‹

Rustem dankte dem Alten und nannte den Hengst ›Reksch‹, das heißt ›Blitz‹.« (Zitiert nach E. Richter.)

Die lebendig gestaltete Szene in bergig ansteigender Gegend zeigt den jugendlichen Rustam in schreitender Stellung als Hauptfigur und Drehpunkt einer abgerundeten Komposition. Er trägt einen Gold- und Silberhelm mit Leopardenkopf und die Tigerfelljacke mit einer gelben Schärpe als Gürtel, silberne Arm- und Beinschienen sowie ein langes Schwert, was ihn bereits zum Kampf gerüstet erscheinen läßt. Die Pferde auf der Weide, die Bäume und Blumen, der Wasserlauf und die Felsen ergeben eine Betonung des Landschaftlichen, dem die menschlichen Figuren untergeordnet sind.

Rustam und Suhrab

Iran, Isfahan; Handschrift 1605 vollendet
Maße des Blattes: Höhe 36 cm, Breite 24 cm
Berlin, Deutsche Staatsbibliothek

An der Spitze zweier Heere stehen sich Rustam und sein Sohn Suhrab unerkannt gegenüber, links der junge Suhrab mit edlen Zügen, auf einem Rappen, rechts der bärtige Rustam auf seinem Pferd Raksch. Dem Ernst der tragischen Geschichte entspricht der braune Hintergrund, der die bedrückende Stimmung unterstreicht.

Suhrab ist der Sohn Rustams und der turanischen Königstochter Tahmina aus Samangan. Da Rustam aber nach Zabulistan zurückkehrt, zieht die Mutter den Sohn allein auf, ohne daß er seinen Vater kennenlernt. Er wächst zu einem mächtigen Recken heran, den kein Turaner im Wettstreit überwinden kann. Als ihm die Mutter das Geheimnis seiner Herkunft entdeckt, sammelt Suhrab ein Heer, um nach Iran zu ziehen, seinen Vater zu finden und ihn zum mächtigsten Schah zu machen. Rustam wird aber von seinem König Kai Kawus dem Turaner (Suhrab) entgegengeschickt. Als sie sich treffen, raten sie sich gegenseitig in einem Streitgespräch vom Kampf ab, als ob sie ahnten, wer ihnen gegenübersteht. Doch um ihrem Namen Ehre zu machen und ihrem Land die Treue zu halten, treten sie schließlich zum Zweikampf an, bei dem Rustam zum ersten Mal besiegt wird. Als Suhrab ihn mit dem Dolch töten will, sagt ihm der listenreiche Rustam, daß es iranische Sitte sei, seinen Gegner zweimal zu Boden zu werfen, ehe man ihn tötet. Als es erneut zum Zweikampf kommt, ist Rustam der Sieger und tötet Suhrab sofort. Zu spät erkennt er voller Verzweiflung den Verlust seines eigenen Sohnes.

Das hier abgebildete Blatt zeigt eine von 67 Miniaturen aus einer Prachthandschrift des Schahnameh, deren Text in sorgfältiger Nastaliq-Schrift auf 764 Blätter von feinem geglättetem Papier geschrieben ist. Obwohl sich die Miniaturen in diesem Manuskript fast über die ganze Schriftseite ausbreiten, wird doch immer noch durch kleine Schriftfelder daran erinnert, daß es sich um Buchilluminationen handelt. Die persische Miniaturmalerei ist in ihrer Entwicklung zu einer reicheren Darstellung übergegangen. Die Komposition ist komplizierter geworden, und eine Vielzahl von Farben leuchtet uns entgegen. Die Figuren sind nicht nur differenzierter in ihren Bewegungen dargestellt, sondern in einer Art Bedeutungsperspektive, in der die Hauptpersonen größer erscheinen.

Kaidafa und Iskandar

Miniatur aus einem Schahnameh-Manuskript
Indien, Moghulschule, um 1600
Maße des Blattes: Höhe 29,5 cm, Breite 16,5 cm
Berlin, Deutsche Staatsbibliothek

Mit dieser Schahnameh-Handschrift haben wir ein greifbares Zeugnis, daß das iranische Nationalepos auch bei den Moghulherrschern in Indien beliebt war. Unser Bild im frühen Stil der Moghulmalerei in lebendigen, leuchtenden Farben und mit bewegten Gebärden der Figuren gibt uns einen Eindruck vom höfischen Leben am Ende des 16. Jahrhunderts, bei dem auch liebenswerte Details nicht fehlen.

Der Maler hat die Personen nach seiner eigenen Umgebung gemalt und nicht nach einem Ereignis, das sich vor langen Zeiten in fernen Landen begeben hat. Diese Begegnung Alexanders des Großen (356 bis 323 v. u. Z.) mit der Königin Kaidafa von Al-Andalus hat nie stattgefunden, sie ist einfach erdichtet und so in das Schahnameh aufgenommen worden, nach einem griechischen Alexanderroman aus dem 3. Jahrhundert u. Z., der seine Taten beschreibt, aber wirklich Historisches mit Phantastischem vermischt. Da das Schahnameh nie vollständig ins Deutsche übersetzt wurde, fehlt uns die Geschichte mit der Königin Kaidafa in deutscher Sprache. Aber der antike Alexanderroman gelangte im 10. Jahrhundert auch nach Europa, wurde ins Lateinische übertragen und weiterhin mehrfach bearbeitet. So können wir heute in der »Historie von Alexander dem Großen« eine der unsrigen ganz ähnliche Geschichte nachlesen. Sie spielt aber nicht in Spanien, sondern in Meroe in Afrika. Als die Königin (hier heißt sie Kandakis) auf ein Sendschreiben Alexanders antwortet und ihm Geschenke schickt, läßt sie ihn heimlich porträtieren: *»Mit den Gesandten, die die Königin zu Alexander geschickt hatte, war auch ein sehr kunstfertiger Maler gekommen, der sollte Alexanders Gestalt sorglich betrachten und malen und das Bild der Königin bringen. Und so geschah es. – Alexander nahm die Geschenke entgegen und belohnte die Gesandten mannigfach. – Der Königin Kandakis Gesandte kehrten zurück und brachten ihr, festgehalten auf Pergament, das Bild Alexanders. Als die Königin Kandakis es sah, war sie von tiefer Freude erfüllt, und sie verlangte danach, ihn wirklich zu sehen.«* (Zitiert nach W. Kirsch.)

Als er später, als sein eigener Gesandter verkleidet, an den Hof der Kandakis kommt und in den prächtigen Palast eingeführt wird, erkennt ihn die Königin durch das Bildnis, das sie von ihm besitzt.

Khosrau erschlägt einen Löwen

Aus dem Epos »Khosrau und Schirin« von Nizami
Iran, Schiraz, datiert 1420
Maße des Blattes: Höhe 28 cm, Breite 20 cm
Staatliche Museen zu Berlin, Islamisches Museum

Die Liebesgeschichte von Khosrau und Schirin gehört zu den schönsten Epen der Weltliteratur. Sie wurde von dem berühmten Dichter Ilyas ben Yusuf Nizami verfaßt, der 1141 bis 1209 in Gandscha (jetzt Kirowabad) lebte und heute noch in der Aserbaidshanischen SSR als Nationaldichter verehrt wird. Die Liebesromanze ist Teil eines aus fünf Geschichten bestehenden größeren Werkes, des sogenannten Khamsa (»Fünfer«), zu dem auch die folgenden gehören: »Schatzkammer der Geheimnisse«, »Leila und Madjnun«, »Die sieben Prinzessinnen« und das »Alexanderbuch«, das die Erlebnisse Alexanders des Großen in Form märchenhafter Abenteuer zum Inhalt hat.

Die Miniatur erzählt die Episode, wie Khosrau während der Rast auf einem Ausflug mit Schirin einen Löwen mit der Faust erschlägt. An einem paradiesischen Ort, wo lauter Lilien wuchsen, ließ der König ein Zelt aufschlagen. Hier saß er mit Schirin, sie tranken Wein, und er ward davon wie auch aus Liebe zu ihr berauscht. *»Da tauchte plötzlich ein wilder Löwe auf, den Staub hinter sich hochwirbelnd, und trottete wie ein Trunkenbold ins Lager, so daß die Wachen durcheinanderströmten, drang in das enge Zelt ein und schritt wütend auf den Schah zu. Dieser aber lief mit dem Mute der Trunkenheit, nur in ein Hemd gehüllt, ohne Panzer und ohne Schwert auf den Löwen los, hob wie beim Bogenspannen die Faust bis zum Ohrläppchen und ließ sie auf den Löwen niedersausen, daß ihm die Sinne vergingen. Dann befahl er, ihm den Kopf abzuschlagen und das Fell vom Leibe zu ziehen. Von da ab wurde es Sitte der Könige, beim Schmaus nie ohne Schwert zu sitzen.«* (Zitiert nach J. C. Bürgel.)

Vor der Jurte aus weißem Filz steht Schirin auf einem Teppich und beobachtet erstaunt das Geschehen. Die offenstehenden Türflügel der Jurte lassen ein hölzernes Scherengitter erkennen, das das Stützgerüst des »Zeltes« bildet und zusammenlegbar ist. Die Jurte ist die traditionelle Behausung der Nomaden, der zentralasiatischen Wanderhirten. Da sie leicht zu transportieren ist, wurde sie in kostbarer Aufmachung von den Herrschern bei Ausflügen und auf Reisen benutzt. Über der Kuppel liegt eine blaue Decke, die abnehmbar ist und mit der die Belüftung und der Rauchabzug reguliert werden. Der Anschaulichkeit wegen hat der Maler die Szene ins Freie verlegt.

فراق دوستانش باد و یارا ن
سر ما را دور کرد از دوستدارا ن
دلم در کنج تنهایی بفر سود
چو بلبل در قفس روز بهارا ن
هلاک من چنان مهمل کرفتند
که قتل مور در پای سوارا ن
بجیلت کر کی آیم در بر او
بیاید پیش ترکان ز نهار خوارا ن
جنان بکر در یا بان صحبت
سبنج شاه کان افتاده بود م
بدانیم که بر کشد ما را
ولا کر دوستی داری بنا جا ن
بباید بردن جور پرستاران
خلاف شرط یاران سعدی
سر برکند دور از یارا ن

بفرمودش بس آنکه سر بریدن
اکرچه شیر پیکر بود بر دیز
بدست آورد شیر افکندنش را
ملک بر تنک شکر مهر بشکست
اکرچه کرد صد جام دکر نوش
کلی کاول بدید آمد ز لب جوی
دو عاشق چون چنان شربت چشیدند
چو وزدی کو بکوهر دست یابد

ز کردن بوستنش بر کشیدن
ملک بود و ملک شد کرانخیز
زبوسه دست بوسی یافت آن ماه
کر شکر در دهان باید نه در دست
نشد جام نخستینش فراموش
ز صد خرمن کل افزون تر دهد بوی
عنان دایم زد حمت می کشیدند
بس آنکه با سپبا نامست باید

وزان بس بوسه شاهانش که پیوست
ز مستی کرد با شیر آن دلیری
دهان از بوسه چون حلاوت تر کرد
لبش بوسید و کفت این اکبین است
می اول جام صافی نوش باشد
ز سر خوردی که طعم نوش دارد
چو یکدم جایی خالی یافتندی
بحیثی باس دشمن داشتندی

بود که بزمکشان تیغ در دست
که نام مستی آمد شیر کیری
ز بوسه دست شه را چون شکر کرد
نشان دادش که جای بوسه اینست
باخر جام درد آمیز باشد
حلاوت بیشتر سر جوش دارد
چو شیر دمی بهم بشتافتندی
بدیکر چشم دیگر جان کاشتندی

بعینه چشم این آن چشم شهلاست — یقین این قد چو آن قامت بود راست

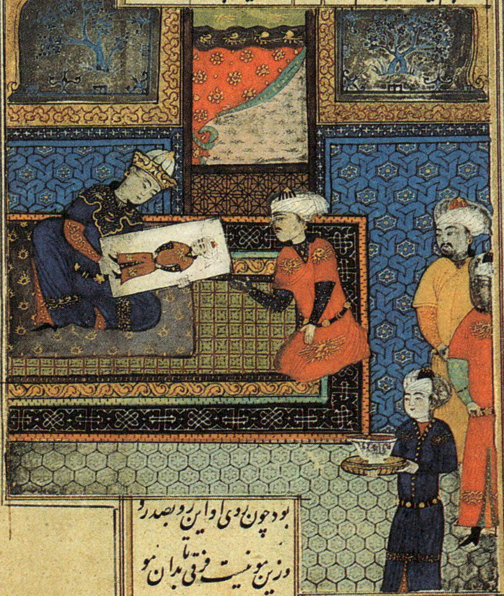

بود چون روی او این رو بصد رو
وزین رو نیست فرقی تا بدان مو

دعایش کرد کای استاد چربدست — هزاران آفرینت باد بر دست

یقین این کار رشک کار مانیست — که انکار فضیلت کار ما نیست

چو گل از بس که دادش جامه و زر — شد آن استاد صورتگر توانگر

Das Bildnis des Freundes

Aus »Mihr und Muschtari« von Assar (gest. 1382/83)
Iran, Schiraz (Turkmenenstil), um 1480–1485
Maße des Blattes: Höhe 22,5 cm, Breite 12,5 cm
Berlin, Deutsche Staatsbibliothek

Dieses kleinformatige Manuskript mit einem Umfang von 190 Blatt, geschmückt mit 9 Miniaturen und kostbarem, goldverziertem Ledereinband mit Klappe ist ein Kleinod der persischen Buchkunst. Die ebenfalls geschmückten Innendeckel haben im Mittelmedaillon ein Scherenschnittmuster mit feinteiligem Arabesk-Rankenwerk auf blauem Papiergrund und Goldornamentik, desgleichen die Eckkartuschen und das halbe Muster auf der Klappe. Der Text in zwei Kolumnen ist auf feinstem geglättetem Samarkander Papier geschrieben und beginnt mit zwei wundervoll verzierten Titelseiten, auf denen in traditioneller Weise Blau und Gold dominieren. Die Schrift ist ein kunstvolles Nastaliq, während die Zwischentitel in Goldschrift im Naskhi-Duktus ausgeführt wurden. Die Miniaturen haben ein dementsprechend kleines Format und sind von äußerst feiner Qualität der Zeichnung und Farbgebung. Die Herstellung leuchtkräftiger Farben und ihre ausgewogene Anwendung erreicht in diesem Manuskript einen Höhepunkt. Wir erkennen Blau, Rot, Orange, Gelb, Grün, Lindgrün, Braun, Violett, Gold für Hintergrund, Ornamente (besonders an der Kleidung) und Beiwerk (Schalen, Gefäße), Silber für Helme und Rüstung. Der Grund ist dagegen sehr verhalten, z. B. Grauweiß oder mit leichter Tönung von Grün, Graubraun oder Rosa, damit die Farben ihren Eigenwert entfalten können.

Das Epos in Versen behandelt einen legendären historischen Stoff aus der vorislamischen Zeit Irans. Es schildert die Abenteuer und Erlebnisse des Prinzen Mihr (Sohn des Schah Schapur) und seines Freundes Muschtari.

Die Miniatur in leuchtenden Farben zeigt den Innenraum eines prächtigen Palastes. Die beiden Hauptpersonen sind der Prinz Mihr und der Maler, welcher ihm gerade das Bildnis Muschtaris überreicht hat. Beide sitzen auf einem großen gemusterten Teppich, während von rechts die Dienerschaft herantritt. Der Prinz wird jedoch besonders hervorgehoben, da auf seinem Platz eine violette, goldgemusterte Decke ausgebreitet ist. Das im Verhältnis zu den Personen großformatige Bild zeigt auf weißem Grund eine stehende Figur mit braunem goldgesticktem Gewand, schwarzem golddurchwirktem Untergewand und weißem Turban. Jede Einzelheit ist zu erkennen. Der Prinz hält das Gemälde mit beiden Händen und betrachtet es intensiv, was durch die vorgebeugte Haltung und die Neigung seines Kopfes ausgedrückt wird. Um die Rückwand des Palastes symmetrisch aufbauen zu können, hat sich der Maler der Miniatur die Freiheit genommen, nach links über den Schriftspiegel hinauszugehen. Die Darstellung ist nicht nach europäischer Art und Weise perspektivisch wiedergegeben, sondern der Maler hat hier abwechselnd mit Geradansichtigkeit und Draufsicht gearbeitet, um dem Betrachter alles so anschaulich wie möglich vorzustellen. Die Rückwand des Palastes hat in der Sokkelzone eine Dekoration mit blauen Sechseck-Fliesen in versetzter Reihung und Dreipaßformen dazwischen. Diese Fliesenmusterung ist typisch für die Architektur des 15. Jahrhunderts. In der Mitte befindet sich ein Durchblick auf eine Ebene, die durch kleine stilisierte Grasbüschel angedeutet wird. Ein zur Seite gerafter roter Vorhang mit Goldmuster gibt den Blick nach draußen frei. Reizvoll ist der Überhang darüber mit dem violetten Grund, den ein Goldmuster mit schwimmenden Enten ziert, das sich auch als Stickerei auf den Gewändern wiederfindet. Rechts und links über der Fliesenverkleidung der Wand sind, golden umrahmt, Wandmalereien auf Silbergrund zu erkennen, die Platanenbäume darstellen. Auf einem grauen Fußboden mit Sechseck-Fließen ist nun eigentlich der Teppich ausgebreitet, den man aber (wie den Fußboden) gar nicht sehen könnte, wenn die Geradansichtigkeit beibehalten wäre. So hat der Maler beides gleichsam in die Höhe geklappt, und man kann alle Muster ganz genau erkennen. Das blaue Obergewand des Prinzen, unter dem ein orangefarbenes langärmeliges Gewand hervorschaut, zeigt farblich genau das umgekehrte Verhältnis zu den Gewändern des Malers. Die gleiche Farbkombination finden wir bei der rechts im Vordergrund herantretenden Dienerfigur mit dem Goldtablett, auf dem eine chinesische Porzellanschale mit Drachenmuster steht. Die mittlere, rechts angeschnittene Figur mit rotem Obergewand und hellgrünen Ärmeln hat die gleiche Farbzusammenstellung wie der zurückgeschlagene Vorhang. Bestimmte Farbkombinationen zu variieren und sie meisterhaft zu handhaben, so daß der Betrachter immer wieder Neues und Harmonisches entdecken kann, gehört zum unerläßlichen Ausdrucksmittel in der persischen Miniaturmalerei.

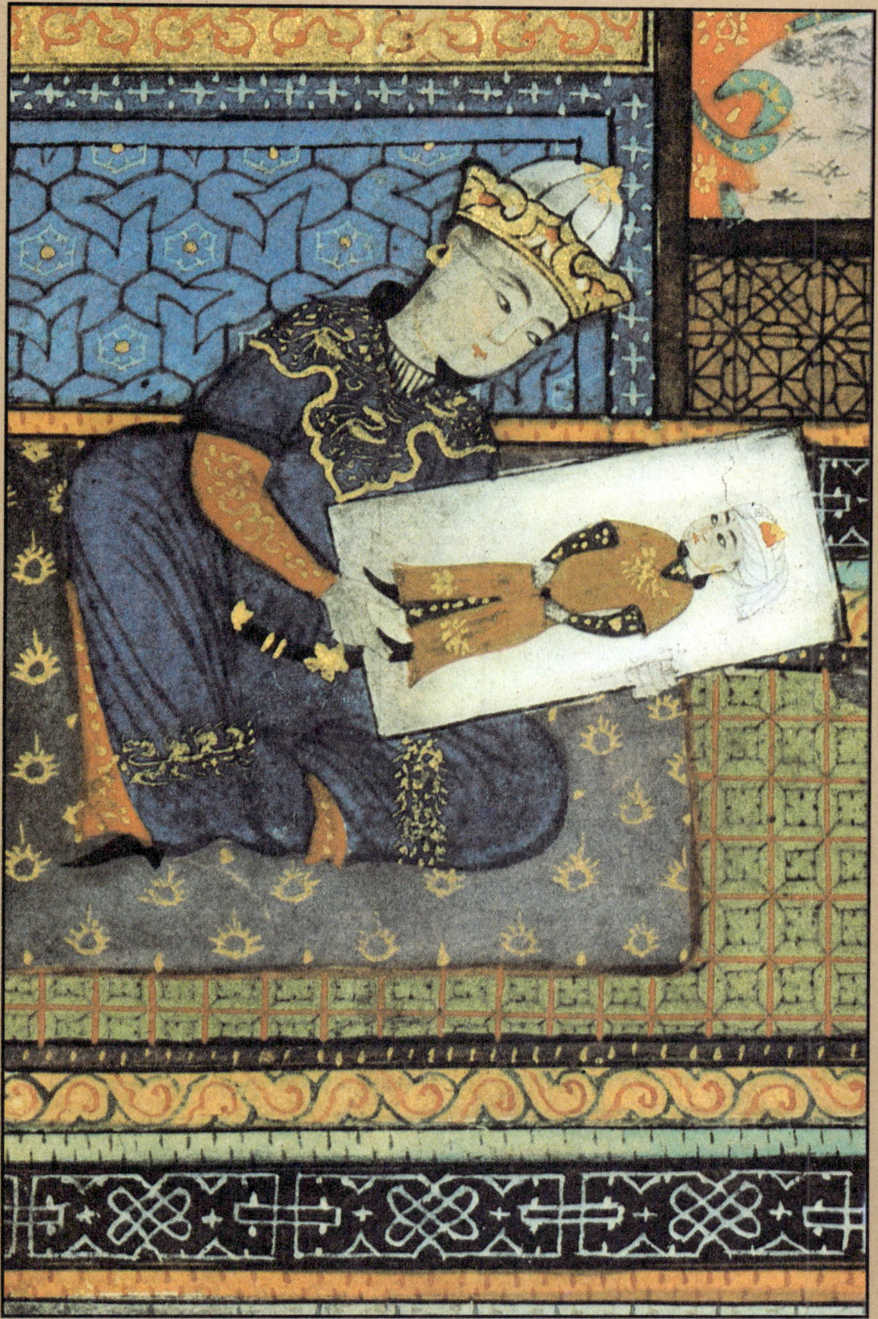

Das Polospiel

Aus einer Gedichtsammlung des Mir Ali Schir Nawai
Iran, Tabriz, um 1530
Einzelblatt: Höhe 24 cm, Breite 15 cm
Staatliche Museen zu Berlin, Islamisches Museum

Die Darstellung eines Polospiels, das in verschiedenen persischen Miniaturhandschriften anzutreffen ist (z. B. im Schahnameh und in der Geschichte von Khosrau und Schirin), dient hier zur Illumination einer Gedichtsammlung des bekannten usbekischen Dichters Nawai (genannt Fani, 1441 bis 1501). Er gilt als der Begründer der frühusbekischen Literatur und beeinflußte die Literaturentwicklung in Mittelasien. Seine Werke sind nicht nur in Usbekistan berühmt und beliebt. Er lebte in Herat, der Hauptstadt von Chorasan, wo er seit 1469 die Stellung des Siegelbewahrers und später des Wesirs am Hofe des Sultans Husain Baiqara innehatte. Als Dichter, Gelehrter und Staatsmann entfaltete er eine rege Bautätigkeit, förderte die Wissenschaften, Dichtung und Musik sowie die Entwicklung der Buchkunst.

Die Schriftseite, von der nur noch am oberen und unteren Rand Textzeilen im Nastaliq-Duktus zu sehen sind, ist in Chaghatai-Türkisch geschrieben. Das Miniaturbild geht auf der rechten Seite über den von einer Goldleiste gerahmten Schriftspiegel hinaus. Der Maler benötigte mehr Platz, als das schmale Hochformat gestattete, um das Geschehen recht dramatisch darzustellen. Das Polospiel ist ein altes asiatisches Reiterspiel, bei dem ein Ball mit einem Stock, an dessen Ende ein Querstück befestigt ist, fortgetrieben wird. Es wurde meist zur Unterhaltung an den Fürstenhöfen veranstaltet. Daß die vier Reiter gerade mitten im spannungsvollen Spiel sind, hat der Maler meisterhaft ausgedrückt. Die Bewegung der Rosse vor einem einheitlichen Hintergrund geht sowohl von der rechten und linken unteren Ecke aus, diagonal nach der Mitte zu, als auch von den links oben und rechts Heranstürmenden. Der rechte obere Reiter ist gerade dabei, den Ball wegzuschlagen. Am linken Bildrand und hinter dem Hügel stehen Helfer, die weitere Schläger für das Spiel bereithalten. Der Goldhimmel beruhigt die Bildfläche, während der Baum den Blick wieder zur Schriftzeile lenkt. Als Grundkonzept der Komposition des Bildes erkennen wir zwei sich kreuzende Diagonalen, durch die der Bewegungsrhythmus in sich aufgehoben wird, das Bild jedoch nichts an Spannung verliert. Zusätzlich belebende Elemente in der feingezeichneten Miniatur sind Farben und Farbkombinationen.

باشن آو جلاب ایکمه‌نی قاشبرلر قالمان حشیدین
تانیلار جابکسوار ایرم کونکلی چوکان اوینا ماق
اوینای اوینای یلادینک کمز ایلدیم سینه‌نی بدل
الله الله بو موده رای مسلمان اوینا ماق
چورناسن اول پری دنیا باتانی دیرایل ساری
ووکه بو دیوانه غه بیتکاج نی امکان اوینا ماق

Zwei indische Fabeln

Miniaturen der Moghulschule, Indien, um 1600
Maße des Blattes: Höhe 42,5 cm, Breite 28,5 cm
Staatliche Museen zu Berlin, Islamisches Museum

Die kleinen Illustrationen zum altindischen Fabelbuch »Pantschatantra« sind hier auf dem Karton eines Albumblattes zusammengefügt, umrahmt und mit Randdekoration versehen. Die weltberühmten Geschichten dieses Buches wurden schon vor Jahrhunderten im Orient erzählt und übersetzt. Im Mittelalter gelangten sie auch nach Europa, wo Johann von Capua zwischen 1263 und 1278 das Buch der »Beispiele der alten Weisen« aus einer hebräischen Übersetzung ins Lateinische übertrug. In der Vorrede wird es als »ein unterhaltsames Buch, voll mit Worten der Belehrung und kostbaren Reden, welches die Weisen der Völker der Welt verfertigt haben...«, bezeichnet.

In der mittelalterlichen Übersetzung begegnen uns auch die beiden Episoden, die in den Miniaturen dargestellt sind. Die obere Szene zeigt die Gestalt eines erstaunten Jägers, der vor Verwunderung den Finger an den Mund legt. Er kann es nicht fassen, die gefangene Schildkröte wieder frei zu sehen. Wie war das nur möglich? Es ist eine Geschichte, in der zuerst die Maus, der Rabe und die Schildkröte den gefangenen Hirsch befreiten. Dabei wurde die Schildkröte vom Jäger eingefangen, da sie nicht schnell genug weglaufen konnte. Die übrigen Tiere wollten sie nicht im Stich lassen und beratschlagten, was zu tun sei. So legte sich der Hirsch auf den Weg und stellte sich tot, und während der Jäger das Netz beiseite legte, um sich ihm zuzuwenden, zernagte es die Maus und befreite die Schildkröte. Der Jäger erschrak und glaubte, daß die Gegend nicht geheuer sei und ging eilends von dannen. So fand durch die Klugheit und den Zusammenhalt der Freunde alles ein gutes Ende.

Die Geschichte der unteren Miniatur handelt von einem allzu gierigen Schakal. Als eines Tages ein Jäger mit einem erlegten Hirsch nach Hause ging, bedrohte ihn ein Eber. Der Jäger nahm den Hirsch von seiner Schulter und schoß mit Pfeil und Bogen auf den Eber, dieser stürzte sich im Schmerz seiner Verwundung auf den Jäger und tötete ihn. Dies bemerkte ein Schakal und freute sich, daß ihm auf leichte Weise so viel Beute zuteil wurde. Er dachte daran, sie sich aufzuheben, damit er recht lange davon zehren könne. Im Augenblick aber wollte er sich mit der Sehne des Bogens begnügen. Als er begann, an der Sehne zu fressen, tötete sie auch ihn.

Khosrau entdeckt Schirin

Aus dem Epos »Khosrau und Schirin« von Nizami
Indien, Kaschmir; Manuskript 1768/69 vollendet
Maße des Blattes: Höhe 21 cm, Breite 13,5 cm
Berlin, Deutsche Staatsbibliothek

In poetisch-romantischer Weise schildert die Dichtung die Liebesgeschichte des sasanidischen Königs Khosrau und der Prinzessin Schirin aus Armenien. Khosrau kennen wir bereits aus einem der vorangegangenen Beispiele, wo er einen Löwen erschlägt.

Die Miniatur illustriert eine der bekanntesten und beliebtesten Szenen. Die beiden lieben sich, ohne daß sie einander schon begegnet sind. Khosrau schickte Schapur mit seinem Bild zu ihr, und Schirin verliebte sich bereits so sehr in das Bild, daß sie sich während eines Jagdausflugs von ihrem Gefolge trennte, um ganz allein nach Ktesiphon zu reiten, wo sie Khosrau zu finden hoffte. Er war jedoch schon aufgebrochen, um sich zu ihr nach Armenien zu begeben. So treffen sich beide unterwegs, voller Sehnsucht, aber ohne sich zu erkennen.

Auf dem Ritt entdeckte Schirin plötzlich einen Quellsee, von einer Wiese umgeben: *»Ermüdet von der Beschwernis der Reise, von Kopf bis Fuß mit Staub bedeckt, verspürte Schirin Lust, in dieser Quelle zu baden…«* Der Zufall wollte es, daß Khosrau in der Nähe rastete. Er bemerkte Schirins Pferd und entdeckte den See. *»Da saß sie nun, wie eine Blume im blauen Wasser, ihr Körper glitzerte darin wie Mandeln und Mandelblüten; aber auch einem Reiher konnte man sie vergleichen an Farbe und Glanz. Sie kämmte sich ihr langes, lockiges Haar, das den Schatz ihres Leibes wie Schlangen zu hüten schien… Als sie sich Wasser über den Scheitel schüttete, war es, als ob der Himmel den Mond mit Perlen besetzte. Ihr Körper aber glänzte wie ein schneeiger Gipfel, während Khosrau vor Sehnsucht zerschmolz…«* Auf unserem Bild legt Khosrau vor Erstaunen und Entzücken den Finger an den Mund, und Schirin schaut zu ihm hinauf, denn sie hat ihn ebenfalls entdeckt. Als Khosrau sich weggewandt hatte, schlüpfte Schirin eilends aus dem Wasser, zog ihre Gewänder an und jagte auf ihrem Roß davon. *»Sie überlegte: Dieser edle Jüngling, der mich wie das Himmelsrad umkreist hat – es nimmt mich wunder, ob er nicht mein Geliebter ist, denn wie könnte er sonst mein Herz so verwirren?…«* (Zitiert nach J. C. Bürgel.)

Die Miniaturenhandschrift aus Kaschmir im hohen Norden Indiens zeigt uns, wie beliebt dieses Epos der persischen Literatur auch im indischen Kulturbereich war.

تن فاقش می غلطید در آب
چو غلطد قاقمی در موی سنجاب
عجب باشد که گل را چشمه شوید
غلط گفتم که گل در چشمه روید

Das Kamelwunder

Iran, Qazwiner Stil, um 1560
Maße des Blattes: Höhe 59,5 cm, Breite 45 cm
Staatliche Museen zu Berlin, Islamisches Museum

Salih, der Prophet aus dem altarabischen Volk der Thamud, sollte seine Landsleute bekehren und auffordern, nur noch einen Gott – Allah – anzubeten. Während er bei den Schwächeren Gehör findet, weisen ihn die Mächtigen ab und verspotten ihn. Sie wollen die Religion ihrer Väter nicht aufgeben. Zum Zeichen sendet ihnen Allah eine lebendige Kamelstute, und der Prophet bittet sie, diese bei ihnen weiden zu lassen und das Wasser mit ihr zu teilen. Aber die Gottlosen quälen und töten sie und fordern Salih auf, die angedrohte Strafe auf sie kommen zu lassen. Dieser Lästerung folgt ein fürchterliches Erdbeben, bei dem die Ungläubigen in ihren Häusern umkommen, während Salih und die Gläubigen gerettet werden. Im Koran wird diese Geschichte mehrfach als warnendes Beispiel genannt. Auch in der Miniaturmalerei wird sie hin und wieder dargestellt.

Die das Bild beherrschende Figur ist die Gestalt des Propheten, der durch einen mächtigen Flammennimbus gekennzeichnet ist. Mit beiden Händen weist er auf das Wunder, auf die aus dem Felsgestein hervortretende Kamelstute mit ihrem Jungen.

Die Komposition des Bildes ist einfach und ruhig gestaltet. Der Maler war bemüht, die Fläche des Bildes gleichmäßig zu füllen. Während am oberen und rechten Bildrand die Zuschauer-Figuren verteilt sind, ist die Ebene des Bildgrundes mit verschiedenen Blütenstauden besetzt, die meist hinter Steinen hervorwachsen. Die Darstellung wird auch lebendig durch eine gut ausgewogene Farbigkeit mit bestimmten Farbkombinationen. So erkennen wir die Zusammenstellung von Blau und Rot bei der Kleidung des Propheten und einiger Zuschauer, sie wiederholt sich auch bei dem Kamel. So wird unser Blick durch dieses künstlerische Hilfsmittel über das gesamte Blatt gelenkt. Bemerkenswert ist auch die feine Musterung der Stoffe mit Blütenranken und Rosetten, mit Arabeskranken und Wolkenbändern.

Die großformatige Miniatur gehörte einst zu einer umfangreicheren Handschrift, einem sogenannten Weissagungsbuch (Falnameh), das im Orient vor bestimmten Unternehmungen befragt wurde, wie z. B. von Kaufleuten vor einer Handelsreise. Die Art der dargestellten Geschichte sollte dann Aufschluß geben, ob Erfolg zu erwarten ist oder ob das Geplante unter weniger günstigen Vorzeichen steht.

Die Siebenschläfer

Iran, volkstümlicher Stil des 16./17. Jahrhunderts
Maße des Blattes: Höhe 65,5 cm, Breite 49 cm
Dresden, Sächsische Landesbibliothek

An die berühmte Legende von den Siebenschläfern erinnert uns heute noch ein Datum im Kalender, das nach alter Überlieferung als Wettervorhersage gilt: Regnet es am 27. Juni, so soll das feuchte Wetter sieben Wochen lang anhalten. Die eigentliche Geschichte ist über 1500 Jahre alt und existiert in christlichen und islamischen Versionen. Gregor von Tours (2. Hälfte des 6. Jahrhunderts) überlieferte uns eine syrische Legende. Danach flüchteten bei einer Christenverfolgung unter dem römischen Kaiser Traianus Decius im Jahre 251 u. Z. sieben vornehme junge Männer in eine Höhle bei Ephesos (Kleinasien). Ihre Namen waren Maximinianus, Malchus, Martinianus, Dionysius, Johannes, Serapion und Constantius. Als Malchus wieder einmal heimlich in der Stadt war, um Lebensmittel zu besorgen, erfuhr er, daß der Kaiser sie suchen lasse, und sie flehten Gott um Beistand an, der sie in tiefen Schlaf versinken ließ. Nach fast zwei Jahrhunderten wurde im Jahre 436 die Höhle zufällig geöffnet, und die Jünglinge erwachten wieder. Sie glaubten jedoch, daß sie nur eine Nacht geschlafen hätten, und Malchus, der wieder in die Stadt ging, war sehr erstaunt, so viele Veränderungen vorzufinden. Als er gar mit seinem alten Geld bezahlen wollte, glaubte man, er habe einen kostbaren Schatz gefunden. Er wurde zum Bischof und zum Stadtpräfekten geführt. Nachdem er von sich und seinen Freunden berichtet hatte, zogen Kaiser Theodosius II. (401 bis 450) und der Bischof zur Höhle und überzeugten sich selbst. Nun konnten die Jünglinge endgültig entschlafen.

Die Siebenschläfer leben bis in die Gegenwart vor allem im religiösen Volksglauben weiter. Bereits in mittelalterlichen Gebeten und Zaubersprüchen werden sie um Beistand angerufen. Amulette und Gegenstände, die ihren Namen tragen, haben übelabwehrende Bedeutung. Selbst den treuen Hund, der mit in den Himmel gekommen war, wollte Gott nicht wieder wegschicken. Er betraute ihn damit, die Briefe sowie das Gepäck von Reisenden zu beschützen.

Auf unserer großformatigen Miniatur, die wie die vorhergehende aus einem Weissagungsbuch stammt, sehen wir die sieben mit ihrem Hund als Schläfer in einer dunklen Höhle liegen. Hinter den Felsen ist gerade der Kaiser zu Pferd mit seinem Gefolge angekommen.

Bildnis eines Derwischs

Kolorierte Pinselzeichnung, Riza Abbasi zugeschrieben
Iran, Isfahan, 1. Viertel des 17. Jahrhunderts
Maße des Blattes: Höhe 36,5 cm, Breite 26,5 cm
Staatliche Museen zu Berlin, Islamisches Museum

Im 17. Jahrhundert gibt es in Iran und Indien eine neue Variante der Miniaturmalerei. Es sind Einzelblätter, die für Sammelalben (Muraqqa) angefertigt wurden. In ihnen finden wir zusammen mit kostbaren Schriftproben der berühmtesten Kalligraphen aus Vergangenheit und Gegenwart Szenen des höfischen Lebens, Porträts, Darstellungen von Tieren und Pflanzen und manchmal sogar einen europäischen Kupferstich, der auf Handelswegen in den Orient gelangte.

Das Bildnis eines Derwischs ist eine persische Miniatur, sie stammt aber aus einem indischen Sammelalbum. Die Beschriftung besagt, daß sie von Riza Abbasi gemalt sei, aber wahrscheinlich ist sie von einem seiner Schüler vollendet worden. Riza Abbasi (1560/70 bis 1635) war der bedeutendste Maler am Hofe des Schah Abbas (1587 bis 1629) in Isfahan und der Begründer eines neuen typischen Figurenstils mit schwungvollen Umrissen. Charakteristisch sind auch chinesische Wolken und das dekorativ über die Fläche verteilte Blattwerk von Bäumen, Sträuchern und Stauden. Er arbeitete ungefähr seit 1600 im kaiserlichen Atelier, denn er signierte nun mit Abbasi, das heißt in Diensten des Schah Abbas. Nicht nur Miniaturen für Handschriften und Sammelalben sowie Studienblättern kamen aus seiner Werkstatt, sondern auch Entwürfe für Wandgemälde, die die Paläste von Isfahan schmückten, sowie für Fliesenmalereien, Lackarbeiten, Stoffmuster und Teppiche.

Das Blatt mit dem bärtigen Derwisch, einem Wandermönch, der sich in die Einsamkeit zurückgezogen und unter einem Baum niedergelassen hat, ist eine Porträtminiatur. Sein Blick ist in die Ferne gerichtet. Er hat die Hände in den Ärmeln seines Gewandes verschränkt. Neben ihm stehen zwei Flaschen und eine Trinkschale, daneben liegen einige Früchte. Alles drückt die Genügsamkeit des Umherwandernden aus.

Die zurückhaltend eingesetzten Rot- und Blautöne sowie die über das Bild verteilten winzigen Goldsprenkel ordnen sich der Gesamtstimmung unter, in der der Mensch als Betrachtender eine Einheit mit der lebendigen Natur ist.

Die Melkerin

Iran, Isfahan, signiert von Muin, datiert 1676
Maße des Blattes: Höhe 25 cm, Breite 19 cm
Staatliche Museen zu Berlin, Islamisches Museum

Wie uns die Künstlersignatur in der linken unteren Ecke bekanntgibt, wurde diese Miniatur von einem der begabtesten Schüler aus dem Atelier des Riza Abbasi gemalt. Dargestellt ist eine Frau in blauem Gewand, die mit geübten Handgriffen gerade dabei ist, eine braune Kuh zu melken. Man kann beobachten, wie die Milch in ein gelbes Gefäß spritzt, das die junge Frau zwischen ihren Knien hält. Im Vordergrund erhebt sich gerade ein braunes Kälbchen und schaut zu seiner Mutter, die auch ihm den Kopf zuwendet. Dadurch ergibt sich eine sehr schön abgerundete Komposition, die durch den Baum am rechten Rand, der sein Blattwerk über der Szene ausbreitet, noch betont wird. Die Malerei weist im wesentlichen drei Merkmale auf: eine umrißbetonte Linienführung, einen in den Flächen etwas dickeren und in den Blättern der Bäume sogar pastosen Farbauftrag und dazu im Gegensatz einen hellen Hintergrund. Es ist der stehengelassene Papiergrund, auf dem nur ganz zart landschaftliche Elemente durch braune Tusche angedeutet sind. Der Maler ist sicherlich von einer indischen Miniatur angeregt worden, dieses Bild zu malen; denn die dargestellte Frau trägt Perlenschmuck im Haar, über der Stirn und an den Ohren wie eine Inderin. Der über den Hinterkopf gezogene durchsichtige Schal ist ganz ähnlich bei den Damen auf indischen Miniaturen zu finden.

Von Muin Musawwir (Muin, dem Maler) wissen wir sehr wenig aus seinem Leben. Er hinterließ zahlreiche signierte und datierte Werke und muß sehr alt geworden sein. Nach seinen eigenen Angaben zeichnete er seinen Meister Riza Abbasi im Jahre 1635. Das bedeutet, daß er bereits damals in seiner Werkstatt arbeitete und er sicher nicht später als 1615 bis 1617 geboren ist. Sein letztes, von ihm signiertes Werk trägt das Datum 1707. Auch ein Selbstporträt als Schäfer gibt es von ihm. Er malte viele Einzelblätter mit Porträts, seltener schuf er Illustrationen für Handschriften. Wie aus Randvermerken auf verschiedenen Blättern hervorgeht, kopierte Muin auch Arbeiten seines Lehrers. Die Werke Muins stellen den Ausklang in der Entwicklung der safawidischen Malerei dar. Seine Persönlichkeit repräsentiert eine Epoche, in der der glanzvolle Höhepunkt mit Riza Abbasi schon längst überschritten ist.

Die Jagdrast

Indien, Moghulschule, 1. Viertel des 17. Jahrhunderts
Maße des Blattes: Höhe 42,5 cm, Breite 28,5 cm
Staatliche Museen zu Berlin, Islamisches Museum

In einer gebirgigen Landschaft hat sich ein Herrscher mit Gefolge zu einer Rast während der Falkenjagd niedergelassen. Er läßt sich von Musikanten aufspielen und beschäftigt sich unterdessen mit dem Falken, der neben ihm auf einer Gabelstange sitzt. Das Buch in der Hand deutet auf seine Vorliebe für Literatur und Dichtkunst (siehe auch Abb. 10). Der Dargestellte ist Kaiser Babar, der Begründer der islamischen Moghuldynastie in Indien. Geboren 1483 im Ferghana-Tal (heutige Sowjetrepublik Tadshikistan), suchte er als Urenkel des Weltenherrschers Timur ein eigenes Reich für sich zu erobern. Er errichtete 1504 ein Königreich in Kabul (heute Afghanistan) und wandte sich dann nach Hindustan. Nach der entscheidenden Schlacht bei Panipat 1526 gegen Sultan Ibrahim konnte er den Thron von Delhi einnehmen. Aber schon nach vier Jahren starb er, und sein Sohn Humayun übernahm die Macht. In seinen Lebenserinnerungen sind uns Babars Eindrücke und Beobachtungen über Indien überliefert: *»Das Reich Hindustan ist groß, dicht besiedelt und reich. Im Osten, Süden und sogar im Westen ist es vom offenen Meer umgeben. Im Norden liegen Kabul, Ghazni und Khandahar. Die Hauptstadt von Hindustan ist Delhi... Es ist ein bemerkenswert schönes Land. Im Vergleich zu unseren Ländern ist es eine ganz andere Welt. Seine Berge und Flüsse, seine Wälder und Ebenen, seine Tiere und Pflanzen, seine Bewohner und ihre Sprache, seine Winde und Regenfälle sind ganz anderer Art... Sobald man Sindh* (heute Provinz in Pakistan) *hinter sich gelassen hat, gehören Landschaft, Steine, nomadisierende Stämme, Sitten und Gebräuche vollkommen zu Hindustan... Der hauptsächliche Vorteil Hindustans besteht darin, daß es ein großes Land ist und Gold und Silber im Überfluß hat...«* (Zitiert nach »Indische Albumblätter«). Als ihn Hitze, Durst und Staub plagen, befiehlt er, in Indien überall Gärten anzulegen, sie mit Wasserläufen zu versehen und mit Blumen und Obstbäumen zu bepflanzen.

Auch diese Miniatur (die erst etwa einhundert Jahre später nach einer älteren Vorlage entstand) betont das landschaftliche Element. Der schmale Wasserlauf erweckt den Eindruck, als sei er wie auch das Becken im Vordergrund künstlich gegraben oder umgeleitet. An seinem Ufer stehen junge, wohl erst gepflanzte Bäume, da der Kaiser sich diese Stelle für seine Jagdrasten auserkoren hat.

64. Repos de chasse d'un prince Mahometan dans le Costume antique

DAS ELEFANTENBAD

Indien, Moghulschule, 1. Viertel des 17. Jahrhunderts
Maße des Blattes: Höhe 50 cm, Breite 36,5 cm
Staatliche Museen zu Berlin, Islamisches Museum

Zu einem kaiserlichen Sammelalbum mit Herrscherbildern gehörte auch diese großformatige Miniatur, auf der wir eine Elefantenherde beim Baden beobachten können. Wir wissen, daß Elefanten eine große Rolle im Leben der indischen Fürsten, an ihren Höfen, bei Paraden, bei Jagden und im Krieg spielten. Bis heute sind sie in Indien und Südostasien als Arbeitstiere eine unersetzliche Hilfe für den Menschen. Die Herrscher waren von jeher um ihre besondere Pflege besorgt. Kaiser Jahangir (1605 bis 1627) beschreibt in seinen Tagebuchaufzeichnungen, wie unter den Tieren die Elefanten die größte Vorliebe fürs Wasser haben, wie sie ihr Vergnügen darin finden, ins Wasser zu gehen, wie sie es mit ihren Rüsseln über ihre Körper gießen, und daß er selbst den Befehl gab, im Winter das kalte Wasser für die Elefanten anwärmen zu lassen. Für Paraden und andere öffentliche Anlässe wurden die Elefanten kostbar geschmückt und bemalt. Jeder hatte einen besonderen Namen. Die seltenen weißen Elefanten zu halten, die als Glücksbringer betrachtet wurden, war ausschließlich ein Vorrecht der Könige. Seit alten Zeiten finden wir den Elefanten in Indien auch als mythologische Gestalt, als den elefantenköpfigen Gott Ganescha. Er ist ein Symbol für Wohlstand und Glück, und noch in unseren Tagen wendet man sich an ihn und bittet vor wichtigen Unternehmungen um Beistand für gutes Gelingen. Unsere Miniatur ist im Gegensatz zur Farbenpracht anderer Bilder eine nur leicht getönte Zeichnung, die mehr das Stimmungshafte einer solchen Szene und die Betrachtung von Tier und Natur als einer Einheit zum Ausdruck bringt. Wir können von einer realistischen Darstellungsweise sprechen, die mit zarten Pinselstrichen und feiner Beobachtungsgabe die Tiere in ihren charakteristischen Bewegungen und Verhaltensweisen erfaßt. In der Felslandschaft mit dem kleinen See, in dem sich ein Teil der Elefanten vergnügt, sehen wir noch andere Tiere: mehrere Vogelarten, Antilopen und Hasen. Sie sind als Pärchen dargestellt und symbolisieren Familie und Zusammengehörigkeit. Die verschiedenen Bäume in der Landschaft sind ein Ausdruck für die Vielfalt der Natur. Daß auch der Mensch ein Teil von ihr ist, zeigt uns der wie zufällig zwischen den beiden Felsen vorbeiwandernde Holzfäller mit dem Reisigbündel auf dem Kopf.

عظیم الشان

Prinz Azim al-Shan

Indien, Moghulschule, Ende 17. Jahrhundert
Maße des Blattes: Höhe 41,5 cm, Breite 28,5 cm
Staatliche Museen zu Berlin, Islamisches Museum

Viele indische Miniaturen schildern das höfische Leben. Unser Albumblatt vertritt jedoch eine besondere und für die Moghulschule typische Darstellungsweise von Persönlichkeiten des Hofes. Es ist das Standporträt, bei dem uns Prinzen, Edelleute, Würdenträger und Offiziere begegnen. Sie sind mit Waffen oder Attributen geschmückt und häufig in sehr kostbare Gewänder gehüllt.

Auf unserem Albumblatt ist Prinz Azim al-Shan zu sehen, der zweite Sohn des Moghulkaisers Schah 'Alam I. (1707 bis 1712) und ein Enkel des Großmoghuls Aurangzeb (Alamgir), welcher ihn 1696/97 zum Statthalter der Provinz Bengalen ernannte und ihm auch die Herrschaft über Bihar und Orissa im Osten des Reiches übertrug. Wie eine Chronik berichtet, kehrte er mit einem reichen Staatsschatz und einer beträchtlichen Armee zurück, und er wird als ein Staatsmann von gewinnender Lebensart beschrieben. Im Jahre 1712 wurde er zum Moghulkaiser ausgerufen, fiel jedoch kurz darauf in einer Schlacht.

In diesem Porträt steht der Prinz nach rechts gewendet, mit dem Kopf in Profilansicht, der von einem Herrschernimbus umgeben ist. Er trägt ein weißes, golddurchwirktes Gewand, das im Vergleich zur Farbenprächtigkeit vorangegangener Zeiten beinahe bescheiden wirkt. Mit der Rechten hält er ein großes, über die Schulter gelegtes Schwert, in der Linken eine Rosenblüte. In seiner Gürtelschärpe steckt ein kleiner Dolch mit Jadegriff. Die mehrfach wiederkehrende Farbenkombination von Rot und Grün gibt der Miniatur einige belebende Akzente. Die Wirkung des Bildes vor dem hellgrünen Hintergrund beruht auf der Zartheit und Feinheit der Malerei, die durch die Blütenstauden im Vordergrund noch zusätzlich betont wird. Dieses Bildnis des Prinzen Ahim al-Shan gehört zu den besten und feinsinnigsten Werken der Miniaturmalerei jener Zeit, als bereits viele Künstler des Hofes von Aurangzeb entlassen worden waren, auswanderten und sich neue Auftraggeber unter den Provinzstatthaltern oder in lokalen Hindu-Fürstentümern suchen mußten.

Die kostbare Randmalerei ist in Gold und Silber dicht gefüllt auf dunkelblauem Grund ausgeführt und besteht aus Bäumen und Blütenstauden, flüchtenden Tieren, Vögeln und Tierkampfszenen.

Prinzessin Zib an-Nisa

Miniatur aus einem Album mit Gedichten
Indien, Kaschmir, 2. Hälfte des 18. Jahrhunderts
Maße des Blattes: Höhe 26 cm, Breite 19 cm
Dresden, Staatliches Museum für Völkerkunde

Eine schöne Prinzessin soll unseren kleinen Ausflug in die islamische Kunst und Geschichte beschließen und gleichzeitig Wegweiser sein für eigene Schritte in Museen und Bibliotheken. Diese Miniatur ist nicht, wie wir es von der Moghulschule kennengelernt haben, auf Karton geklebt, sondern sie ist auf festes biegsames Papier gemalt. Eine Besonderheit dieser Blätter aus Kaschmir sind die in das Bild geschriebenen, wolkenartig umrandeten persischen Verse. Somit wird – ähnlich wie bei den Buchilluminationen – eine Verbindung von Bild und Text hergestellt. Dicht am oberen Bildrand, gleichsam als Überschrift, ist »Zib an-Nisa Begam« zu lesen, wodurch die Dargestellte als Tochter des Großmoghuls Aurangzeb (1658 bis 1707) identifiziert wird. Die Prinzessin reitet auf einem reich geschmückten Elefanten. Vor ihr sitzt die Elefantenführerin mit dem Hakenstab, hinter ihr die Dienerin mit dem Yakschweifwedel in der erhobenen Hand. Auch die nebenherlaufenden Begleiterinnen tragen die Tracht des kühleren Nordens mit dem langärmligen Obergewand. Die Palastbauten im Hintergrund deuten auf die Nähe des Schlosses hin. Das idealisierte Porträt der Prinzessin mit reinen und edlen Zügen erhält durch die Blume in ihrer Hand eine romantische Note. Zib an-Nisa wurde 1639 geboren, war hochbegabt und entwickelte sich zu einer der interessantesten Persönlichkeiten des Moghulhofes. Sie studierte Arabisch, Persisch, Mathematik und Astronomie und konnte als Kind bereits den Koran auswendig. Seit frühester Jugend schrieb sie Gedichte. Ihretwegen wurden Dichter aus Iran, Kaschmir und anderen Landesteilen Indiens an den Hof nach Delhi eingeladen. Sie korrespondierte mit Gelehrten ihrer Zeit und diskutierte mit ihnen. Ihre Verlobung mit Suleiman Schokuh, dem Sohn des Kronprinzen Dara Schokuh, nahm ein tragisches Ende. Ihr Vater Aurangzeb war gegen die geplante Heirat und ließ Suleiman vergiften. So führte sie ein Leben unerfüllter Liebe und starb im Jahre 1701. Es läßt sich vermuten, daß die dem Bild beigegebenen Verse von ihr selbst stammen:

»Jeder Frühling kennt die Vollendung,
jede Blume im Frauenhaar den Platz – doch die Knospe
im Garten unseres Herzens hat niemals ein Gewand geschmückt.«

زیب النسا بیگم
کور به چشمی که لذت گیر دیداری نشد
بشکند دستی که خم در گردن یاری نشد

Begriffserklärungen

Achämeniden: persische Dynastie, 7. bis 4. Jh. v. u. Z.
Alexanderroman: die Taten Alexanders des Großen (356 bis 323 v. u. Z.) beschreibender Roman des 2. Jh. v. u. Z. in idealisierender Überlieferung, in späteren Bearbeitungen mit märchenhafter Ausschmückung. Übernahme in den islamischen Kulturbereich
Anthologie: Sammlung ausgewählter literarischer Werke
Arabeske: in der islamischen Kunst stilisierte Ranke mit Gabelblättern
Babylonien: fruchtbare Ebene am Unterlauf des Euphrat und Tigris (heute Irak) mit den ältesten vorderasiatischen Kulturzentren seit dem 3. Jt. v. u. Z.
Derwisch (arabisch Fakir): persische Bezeichnung für muslimische bettelnde Wanderasketen einer religiösen Richtung (Sufi), deren Lebensweise die Vereinigung mit der Weltseele anstrebt
Duktus, Schriftduktus: charakteristischer Schriftzug, Schrift-Stil
Ekliptikalsystem: Darstellung der durch die Neigung der Erdachse bedingten scheinbaren Sonnenbahn am Himmel im Laufe eines Jahres, wobei die Nordpolachse der Erde im Sternbild des Drachen liegt. Die Ekliptik wird, vom Frühlingspunkt ausgehend, in 12 gleich lange Abschnitte mit den Tierkreiszeichen gegliedert
Filigran: feinstes spitzenartiges Zierwerk aus Silber- oder Golddraht
Folio: »Blatt« in alten Handschriften; bei der Zählung wurde Vorder- und Rückseite (recto und verso) unterschieden; später von der Seitenzählung (Paginierung) abgelöst
gepunzt, punziert: mit einem Stahlstift oder Stempel getriebene Formen in Metall, Holz, Leder zur dekorativen Flächengestaltung
Hidschra: Auszug (Auswanderung) des Propheten Muhammad von Mekka nach Medina im Jahre 622 u. Z., Beginn der islamischen Zeitrechnung
Illumination: das Ausschmücken von Handschriften mit Initialen (dekorativen Anfangsbuchstaben), ornamentalem Zierwerk oder figürlicher Malerei
Illustration: bildliche Darstellung zur anschaulichen Text-Erläuterung
Kalligraphie: Schönschrift, Kunst des Schönschreibens
Kartusche: rechteckige oder ovale Fläche, häufig mit Inschrift, die von ornamentalem Rahmenwerk umgeben ist
Kolophon: von griech. »Spitze«, »Schluß«; in alten Handschriften und frühen Druckwerken die Schlußschrift eines Buches; in orientalischen Handschriften ein auf die Spitze gestelltes Dreieck, das zumeist den Namen des Kalligraphen, den Entstehungsort und das Datum der Vollendung enthält
Kolumne: lateinisch »Säule«; im graphischen Gewerbe senkrechte Reihe, Druckspalte, hier für Schriftspalte verwendet
Kosmographie: mittelalterliche Weltbeschreibung, die möglichst umfassend v. a. historisches, geographisches und naturkundliches Wissen vereint
Kufi: früher islamischer Schriftduktus mit breit gelagerten Buchstaben, ausgeglichenes ruhiges Schriftbild, Lapidarschrift

Maghreb: arabisch »Westen«, Bezeichnung für den nordwestlichen Teil Afrikas mit den heutigen Staaten Marokko, Algerien, Tunesien, mitunter wurde auch der arabische Teil Spaniens (al-Andalus) hinzugerechnet
Manuskript: Handschrift, mit der Hand geschrieben
Moghul (Mogul): Bezeichnung für die turko-mongolischen Herrscher des indo-islamischen Großreichs von 1526 bis 1858
Naskhi: in der islamischen Kalligraphie gerundeter Duktus gegenüber dem älteren Kufi, meist mit geradestehenden Buchstabenlängen
Nasta'līq: schräggestellte Kursivschrift seit dem 14. Jh., aus dem Naskhi entwickelt, oft auch sehr klein geschrieben
Omayyaden: arabische Herrscherdynastie (661 bis 750) mit dem Titel Kalif (»Stellvertreter«) als Beherrscher der Gläubigen; Residenz Damaskus
Padischah: soviel wie Schah, Herrschertitel
Ptolemäisches Weltsystem: nach dem griechischen Astronomen und Gelehrten Ptolemäus (90 bis etwa 160 u. Z.) benanntes Weltbild, als dessen Mittelpunkt die Erde angenommen wurde
Prachthandschrift, Prunkhandschrift: eine in größerem Format ausgeführte und mit besonderem Schmuck versehene Handschrift
Rayhani oder Rihan: spannungsreicher Schriftstil in der islamischen Kalligraphie, mit Tendenzen zur Rundung und Dichtgedrängtheit, zuweilen dem Naskhi oder Thuluth verwandt
recto: Vorderseite eines Blattes in einer Handschrift
Safawiden: Herrscherdynastie in Iran 1501 bis 1722
Sasaniden: iranische Herrscherdynastie (224 bis 651), Hauptstadt Ktesiphon
Schriftspiegel: die in einem Manuskript auf einer Seite mit Schrift bedeckte Fläche, von Rändern umgeben, oft weit an den Innenrand herangerückt
Schah, Shah: persisch »König«, Titel der Herrscher von Iran bis 1979
Schahnameh, Šāh-nāme: persisch »Königsbuch«, iranisches Nationalepos, berichtet in literarischer Form die Geschichte Irans von mythischen Uranfängen bis zum Untergang der Sasaniden-Dynastie
Signatur: auf einem Kunstwerk Unterschrift, Name des Künstlers
Sure, Sura: Abschnitt bzw. Kapitel des Korans
Thuluth, tult: Schriftstil in der islamischen Kalligraphie mit spannungvoll geführten Buchstaben bei großen Oberlängen und schwungvollen Endungen, für Inschriften und Prunkhandschriften
Timuriden: Herrscherfamilie und Nachfolger des Mongolenfürsten und »Welteroberers« Timur (1387 bis 1405), mit ausgedehntem Herrschaftsgebiet von Zentralasien und Iran bis zum Irak und an die Grenzen Indiens im 15. Jh.
Unwan: prächtig verzierter Kapitelanfang in einer islamischen Handschrift, auch als Bezeichnung der Titelseite gebraucht
verso: Rück- oder Kehrseite eines Blattes in einer Handschrift
Wesir: erster Minister eines islamischen Staates (auch: Großwesir)
Wolkenband: aus dem chinesischen Wolkenballen »Tschi« mit symbolhafter Bedeutung hervorgegangenes Schmuckelement in der islamischen Kunst

Literatur für Schüler

Atlas zur Geschichte, Band 1. Gotha, Leipzig 1973
Al-Bīrūnī: In den Gärten der Wissenschaft. Übers. und erl. von G. Strohmaier, Leipzig 1988
Brentjes, B.: Die orientalische Welt. Berlin 1970
Brentjes, B.: Mittelasien – Kunst des Islam. Leipzig 1979
Brentjes, B.: Unter Halbmond und Stern. Berlin 1981[2]
Brentjes, B.: Bauern, Mullas, Schahinschahs. Leipzig, Jena, Berlin 1983
Enderlein, V.: Die Miniaturen der Berliner Baisonqur-Handschrift. Leipzig 1969, 1976
Enderlein, V., und *Sundermann, W.* (Hrsg.): Schāhname. Das persische Königsbuch. Leipzig, Weimar 1988
Heiduczek, W.: Die schönsten Sagen aus Firdausis Königsbuch. Berlin 1982
Hickmann, R.: Indische Albumblätter. Leipzig, Weimar 1979
Historie von Alexander dem Großen. Hrsg. von W. Kirsch. Leipzig 1981
Hussein, M. A.: Vom Papyrus zum Codex. Leipzig 1970
Der Koran. Übers. von M. Henning. Leipzig 1980[4]
Lexikon der Kunst. 5 Bände. Leipzig 1968 bis 1978; Neubearb. seit 1987
Meissner, M.: Die Welt der sieben Meere. Leipzig, Weimar 1980, 1987[2]
Nisāmī, Iljās ben Jūssuf: Die sieben Prinzessinnen. Berlin 1980
Pantschatantra: Die fünf Bücher der Weisheit. Berlin 1978
Richter, E.: Rustem. Persische Heldensagen. Leipzig o. J.
Robbe, M. u. a.: Welt des Islam. Leipzig, Jena, Berlin 1988
Rührdanz, K.: Bagdad – Hauptstadt der Kalifen. Leipzig, Jena, Berlin 1979
Rührdanz, K.: Orientalische illustrierte Handschriften aus Museen und Bibliotheken der DDR. Ausstellungskatalog, Berlin 1984
Strohmaier, G.: Denker im Reich der Kalifen. Leipzig, Jena, Berlin 1979
Sundermann, W.: Lob der Geliebten. Berlin 1968

Außentitel: Detail einer Miniatur zur Falnameh-Handschrift (Seite 65). Mousa und der Riese Og./Innendeckel des Bucheinbandes zur Schahnameh-Handschrift (Seite 45).

Fotonachweis:
Deutsche Staatsbibliothek, Berlin (15, 35, 36, 45, 47, 49, 52, 61, 65)
Forschungsbibliothek Schloß Friedenstein, Gotha (19)
Sächsische Landesbibliothek, Dresden (13, 31, 33)
Staatliche Museen zu Berlin (9, 11, 17, 21, 25, 29, 40, 51, 57, 59, 63, 67, 69, 71, 73, 75)
Staatliches Museum für Völkerkunde, Dresden (77)
Wir danken den genannten Bibliotheken und Museen für die Veröffentlichungsrechte.